T0225072

Paul Chlebek

Praxis der User Interface-Entwicklung

Paul Chlebek

Praxis der User Interface-Entwicklung

Informationsstrukturen, Designpatterns, Vorgehensmuster

Mit 126 Abbildungen

PRAXIS

VIEWEG+
TEUBNER

Bibliografische Information der Deutschen Nationalbibliothek
Die Deutsche Nationalbibliothek verzeichnet diese Publikation in der
Deutschen Nationalbibliografie; detaillierte bibliografische Daten sind im Internet über
<http://dnb.d-nb.de> abrufbar.

1. Auflage 2011

Alle Rechte vorbehalten
© Vieweg+Teubner Verlag | Springer Fachmedien Wiesbaden GmbH 2011

Lektorat: Christel Roß | Walburga Himmel

Vieweg+Teubner Verlag ist eine Marke von Springer Fachmedien.
Springer Fachmedien ist Teil der Fachverlagsgruppe Springer Science+Business Media.
www.viewegteubner.de

Umschlaggestaltung: KünkelLopka Medienentwicklung, Heidelberg
Druck und buchbinderische Verarbeitung: STRAUSS GMBH, Mörlenbach
Gedruckt auf säurefreiem und chlorfrei gebleichtem Papier

ISBN 978-3-8348-0728-1

Inhaltsverzeichnis

Inhaltsverzeichnis..V

Kapitel 1:   Funktion braucht Form 1

   1.1   User Interface hin 1

   1.2   Usability her.. 17

   1.3   Anwender da, Entwickler dort.. 29

   1.4   Quid pro Quo.. 35

Kapitel 2:   Analysieren und Entwerfen 41

   2.1   Mindmaps 46

   2.2   Screenskizzen.. 48

   2.3   Storyboards 49

   2.4   Anwendermodelle 51

   2.5   Anforderungs-Interviews 53

   2.6   Validierungs-Testfälle 54

   2.7   Use Case Diagramme.. 56

   2.8   Systemgrenzendiagramme 58

   2.9   Klassenmodelle 60

   2.10   Ablaufstrukturlisten.. 62

   2.11   Dialogflussdiagramme 64

   2.12   Dialogseitendiagramme 66

   2.13   UML Robustheitsdiagramme 67

   2.14   UML Nutzungsarchitekturdiagramme.. 72

   2.15   Integration der UML-Sichten... 79

Kapitel 3:   Konzept- und Designmedien.. 85

   3.1   Funktionale Spezifikation 87

   3.2   Spezifizieren mit UML Modellen 98

   3.3   Änderungsanforderungen und Änderfehler.. 108

   3.4   Style Guide aka Anzeige- und Bedienkonzept...................................... 112

   3.5   Prototyping 129

   3.6   User Interface Tools und formale Modelle 130

   3.7   Formales fachliches UI-Modell... 132

Kapitel 4:   Kontrollelemente und Dialogseiten.. 141

   4.1   Aktionen, Reaktionen, Interaktionen 141

   4.2   Knöpfe, Hebel, Bilder, Stimmen: Bedienteile einer Software............... 143

   4.3   Form Filling und direkte Objektmanipulation 146

4.4   Auswahl und Zuordnung 150

Kapitel 5:   Design und Redesign 161

5.1   Usability Engineering...162

5.2   Erneuern von gewachsenen User Interfaces 165

5.3   Konzepte versus Change Requests 166

5.4   Iterationen / Waschgänge 171

5.5   RUP und V-Modell...173

5.6   CMMI...174

5.7   Extreme Programming...176

5.8   Scrum 178

5.9   User Model Based Development 182

5.10   Socken für Softwarehauselfen..184

5.11   Wrap Up..189

Anhang   193

Glossar   193

Musterlösungen der Road Checks 196

Bildverzeichnis 203

Literaturverzeichnis 207

Kapitel 1:   Funktion braucht Form

1.1   User Interface hin

In der modernen westlichen Zivilisation sind wir von Gebrauchsdingen umgeben. Wir haben Geräte und Maschinen für fast jeden Anwendungszweck gebaut. Wir ersinnen laufend neue und noch schlauere Geräte.

Warum? Weil wir *das* können. *Das* ist der Entwicklungsstand unserer Zivilisation. Geräte zu bauen und zu verwenden, ist unser üblicher Weg, unsere Umwelt zu technisieren und damit zu kontrollieren. Wir sind nun mal keine Delphine und kommen ohne Werkzeug nicht klar. Von den meisten Geräten, die wir uns anschaffen und gegebenenfalls verwenden, sind wir *nicht* existenzabhängig, dennoch dreht sich unser Denken und Streben um sie, weil sie – vermeintlich oder tatsächlich – unsere Lebensqualität verbessern.

Bild 1: Maschinen sind unser Ding

Mit freundlicher Genehmigung von Roy Export S.A.S.

Das Buch, das Sie in den Händen halten, ist nicht zivilisations- oder technikkritisch. Es ist nicht einmal gegen ubiquitäre Verwendung von Geräten. Wie viele andere, trägt auch der Autor dieses Textes Smartphone und Laptop umher.

Dieses Buch ist aber über und für **Verwendungsqualität**, und damit tendenziell anwenderorientierter als ein technisches Handbuch. Es behandelt die technischen Möglichkeiten, Techniken und Methoden mit Fokus darauf, wie man Werkzeuge mit einem hohen Gebrauchswert baut.

Neben den „klassischen", mechanischen Werkzeugen zur Bearbeitung von Marmor, Stein und Eisen (machen wir von Faustkeil bis Akkubohrer schon seit über 20.000 Jahren) besitzen wir seit Mitte des zwanzigsten Jahrhunderts immer mehr und immer leistungsfähigere Informationsverarbeitungsgeräte: Mainframes, Minis, Workstations, Notebooks, Handhelds, Palmtops, Smartphones. Kurzum: Computer.

Computer unterscheiden sich in einem wesentlichen Punkt von herkömmlichen Geräten und Maschinen: Sie haben keinen unmittelbaren Einsatzzweck, sondern sind Ausführungsumgebung für „virtuelle" (also nicht räumlich-materielle) Geräte.

Software ist ein virtuelles Gerät auf der Ausführungsplattform des Computers

Die virtuellen Geräte, die in Computern Informationen verarbeiten nennt man **Software**. Software macht aus der abstrakten Ablaufplattform des Computers eine konkret verwendbare, Informationen verarbeitende Maschine. Gegebenenfalls empfängt Software auch Daten von Sensoren und steuert mechanische Komponenten.

Die allgemeine Definition beschreibt Software als Gegenstück zur **Hardware**, wobei Software jede Art von digitalen Daten umfasst, die auf einer Hardware gespeichert sein können, von Firmware und Betriebssystem bis zu allen möglichen Dateien. Dieser Definition nach gehören zur Software sowohl Programme als auch z.B. Musikdaten auf einer CD, wobei diese selbst eine Hardware ist, auf dem die Software gespeichert wurde. Die CD mitsamt den Musikdateien ist selbst für eine weitere Hardware, welche ein softwaregesteuertes Gerät ist - den CD-Spieler - bestimmt. Software und Hardware ergänzen einander: Die Ablaufumgebung (Hardware + Betriebssystem + Gerätetreiber) gibt den Rahmen vor, die Applikation (Software) füllt den Rahmen aus.

Bild 2: Software ist ein virtuelles Gerät

In Kenntnis des Unterschiedes zwischen Computern nebst Software und mechanischen Geräten können wir beides - zumindest aus Sicht der Anwender - wieder in einen Sack stopfen.

Software auf einem Computer ist genauso ein **Gebrauchsding** wie eine Kuckucksuhr oder ein Dosenöffner, und ebenso ein Produkt der homosapiensischen Ingenieurkunst. Nur eben mit anderen Baustoffen und anderen Beschränkungen: Bei mechanischen Gebrauchsdingen sind es Werkstoffe und Gesetze der Mechanik; bei Software Algorithmen, Daten und Möglichkeiten der Ablaufplattform.

Im Übrigen wird Software nebst dem dazugehörigen Computer schon seit Jahrzehnten erfolgreich mit mechanischen Maschinen kombiniert. Eingebettete Systeme, d.h. Computer mir Software, die Maschinen steuert, findet man in Flug- und Fahrzeugen, in CNC Dreh- und Fräsmaschinen, in Fertigungsrobotern und sogar in Rasenmähern.

Das Verwenden eines Gerätes bzw. einer Software ist für sich genommen kein eigenes Ziel: Niemand (abgesehen von Testern) wird ein elektronisches Formular ausfüllen, wenn dies nicht dazu dient, eine Transaktion durchzuführen, z.B. einen Artikel zu bestellen, ein Ticket zu buchen, einen Vorgang anzustoßen, eine gewünschte Information abzurufen, oder wenigstens ein Spiel zu spielen.

Bild 3: Gerät ist Gerät, ob aus Software oder aus Hardware

Es zählt der Gebrauchswert

Man lässt sich auf das Gerät ein, weil es einen dem gewünschten Resultat näher bringen soll, nicht weil es da ist. Dementsprechend wird sich der normale Anwender nur insoweit mit der Konstruktion eines Werkzeugs auseinandersetzen, als dass es ihn in seiner Arbeit (oder bei seinem Hobby) weiterbringt. Das Gerät steht also nicht im Zentrum des Interesses, sondern das vom Benutzer angestrebte Ergebnis. „Kein Kunde kauft jemals ein Erzeugnis. Er kauft immer nur das, was das Erzeugnis für ihn leistet." (Peter F. Drucker)

Gebrauchsdinge (Mixer, Toaster, Mailclients, Browser, Armband-
uhren, Zeichenprogramme, Staubsauger, Online-Shops, Handys,
Spielkonsolen, Terminplaner und sonstiges Klimbim) haben (un-
geachtet der Frage nach Sinn und Ausführung dieser Schöpfun-
gen) Konstruktions- und Funktionsprinzipien, Verwendungszwecke und Verwendungsweisen.

Jedes Ding hat Funktions- und Bedienteile

Jedes Gebrauchsding, ob ein mechanisches Gerät oder Software,
besteht aus **Funktions- und Bedienteilen**. Die Bedienteile nennt
man (bei Software) oft **User Interface** oder **Benutzeroberfläche**
oder **Mensch-Maschine-Schnittstelle**. [WP05ui]. Die Funktionsteile
nennt man Funktionsteile, weil sie funktionieren, d.h. sie bewerkstelligen das, wofür das Gerät an und für sich dient, z.B.
Gemüse klein schneiden, Brot toasten oder Mails senden und
empfangen.

Virtuelle und physische Bedienteile

Softwareprogramme haben virtuelle Bedienteile. Diese werden
über die physischen Bedienelemente der Ablaufplattform angesteuert. Zum Beispiel sind an einem Personal Computer in der
Regel eine Maus und eine Tastatur, einen oder mehrere Bildschirme, Lautsprecher, usw. angeschlossen. Das sind die **physischen Bedienelemente** dieser Ablaufplattform.

Ein Smartphone wie das iPhone hat einige Hardbuttons, ein
Multi-Touchscreen sowie diverse Sensoren. Das sind die physi-
schen Bedienteile dieses Geräts. In der Hauptsache sind seine
Bedienteile (die User Interfaces der Apps) aber virtuell, und die
Funktionsteile unter den Oberflächen der Apps verborgen. Die
Funktionen der auf dem Smartphone ablaufenden Applikationen
sind nur mittelbar über ihre Benutzeroberflächen erlebbar.

Bild 4: Ein Smartphone hat viele virtuelle Bedienteile

Bedienteile

größtenteils virtuell

Funktionsteile

unter der Oberfläche

Bei mechanischen Geräten und auch bei Softwareanwendungen sind Funktions- und Bedienteile (oft untrennbar) zu einem Ganzen verflochten. Dennoch lassen sich Funktion und Bedienung als eng zusammenhängende - „symbiotische" - jedoch unterschiedliche Anteile von Werkzeugen betrachten und bewerten.

Funktions- und Bedienteile sind oft verflochten.

Zum Beispiel besteht ein Spaten aus den Funktionsteilen „Blatt" und „Stange". Das Blatt ermöglicht den Aushub, die Stange sorgt für die Hebelwirkung. Die Bedienteile „Fußstütze" und „Handgriff" sind für das Graben nicht funktionell notwendig, doch ohne sie würde es so nicht gut gehen. Mit dem Spatenblatt allein kann man zwar vom Prinzip her graben, aber praktisch gesehen kommt man ohne Spatenstiel beim Umgraben eines Beets kaum voran.

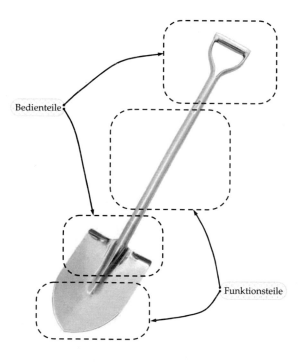

Bild 5: Funktions- und Bedienteile eines einfachen Werkzeugs

Bedienteile

Funktionsteile

User Interfaces ermöglichen also Menschen das Verwenden von Werkzeugen, Geräten, Maschinen und Softwareanwendungen.

Umgekehrt ergibt sich daraus: Funktionen **brauchen** User Interfaces, um für Menschen nutzbar zu sein. Eine Fackel ermöglicht ein tragbares Feuer. Das Feuer braucht keinen Fackelstiel, es würde auch ohne brennen. Der Nutzer braucht den Stiel, sonst könnte er nicht lange fackeln, sondern würde sich die Hand verbrennen. Ein Besen braucht einen Besenstiel. Eine Lenkung muss eine Pine, ein Lenkrad oder etwas in dieser Art bieten.

Bei einem mechanischen Werkzeug finden die Interaktionen im Bedienteil nach den Gesetzen der Mechanik statt. Die Newtonschen Gesetze von Trägheit, Aktion und Reaktion sind beim Verwenden von Maschinen intuitiv wahrnehmbar. Beim Betätigen der Gangschaltung in einem Fahrzeug spürt man das eigene Tun und dessen Wirkung in der Maschine unmittelbar mit mehreren Sinnen.

Auch ein Computerprogramm braucht irgendetwas, womit es vom Menschen nach seinem Willen gelenkt werden kann, und etwas, woran der Mensch sehen (oder sonst irgendwie wahrnehmen) kann, was aus seinem Wollen und Lenken in dem von ihm benutzten Programm wird.

Das Lenken nennt man „**Input**", die Reaktionen des Programms heißen „**Output**". Beides ist erhältlich in den Geschmacksrichtungen „interaktiv" (ganz „in") und „batch" (sehr „out", außer bei Entwicklern). Beim Verwenden einer Software macht der Anwender „Input", die Applikation revanchiert sich mit „Output". Die Abfolge dieser, optimalerweise im Zusammenhang zueinander stehenden, beiderseitigen Aktivitäten nennt man (sofern sie fein abgestuft sind und augenblicklich aufeinander folgen) „Interaktion".

Eine der ersten Softwareanwendungen mit interaktivem Input und Output, die ich im Auftrag eines Dritten schrieb, war ein Programm zum Bedrucken von Überweisungsformularen. Der Auftraggeber (welcher zugleich der Anwender des Programms war) wollte die damals üblichen Endlos-Vordrucke nicht mehr mit der Schreibmaschine ausfüllen, weil er sich dabei oft vertippte, sondern vor dem Drucken auf dem Bildschirm sehen.

Bild 6: Ein Überweisungs-Druckprogramm

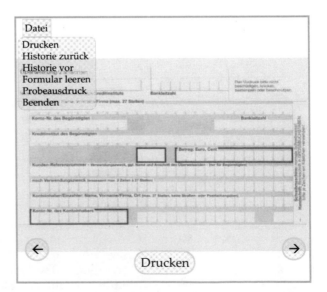

Später kam dazu der Wunsch, dass man die bereits erfassten Überweisungen abrufen, ändern und neu drucken können soll.

Das Programm sollte auf einem Atari ST (mit einem „hochauflö-
senden" Schwarz-Weiß Bildschirm) unter GEM (Graphical Environment Manager) von Digital Research laufen.

Das User Interface dieser Anwendung sah in etwa wie oben
abgebildet aus (mein Atari ST1024 weilt genauso wie der Com-
modore C16, der Schneider CPC, Joyce oder Amiga seit Langem
in den ewigen Jagdgründen):

Das User Interface zeigte ein Überweisungsformular (das 1 zu 1
dem zu bedruckenden Vordruck entsprach), in das man an entsprechenden Stellen die zu druckenden Informationen eintragen
konnte. Es verwendete also die Metapher des Papierformulars.

Unter dem Formular gab es einen Knopf mit der Aufschrift „Drucken". Mit den Tasten ← und → konnte man in der Historie der
gedruckten Überweisungen hin und her blättern. Dazu gab es
zwei Bestätigungsabfragen: Beim Verlassen eines Formulars, auf
dem Daten erfasst waren, das aber noch nicht gedruckt wurde,
und vor dem Drucken. Die Anwendung hatte ein Menü, in dem
sämtliche Anwenderaktionen (Drucken, Historie zurück, Historie
vor, Formular leeren, Probeausdruck (zur Formularausrichtung)
und Programm beenden) aufgelistet und zur Auswahl angeboten
wurden.

Die Funktionsteile dieser Anwendung sind:

- Ausfüllen des Überweisungsformulars
- Ansicht des ausgefüllten Formulars
- Bedrucken des Formulars
- und Ansehen der Historie gedruckter Formulare.

Die Bedienteile dieser Anwendung sind:

- Die in das Formularbild eingebetteten Erfassungsfelder,
- die Schaltfläche „Drucken",
- die Schaltflächen ← und →
- sowie das Drop-Down Menü mit der Liste aller vom Anwender auslösbaren Aktionen.

Ein solches virtuelles Überweisungsbedruckgerät ist überschau-
bar und lässt sich leicht nach Funktions- und Bedienteilen analysieren. Der Verwendungszweck und das Ergebnis der Anwendung sind ebenfalls leicht zu überblicken. Durch die direkte
Anlehnung an das bekannte Formular wird dem Anwender sofort
intuitiv klar, was man damit tun kann. So wie ein Korkenzieher
unmissverständlich zum Flaschenöffnen taugt, ist dieses Programm zum Erstellen von Überweisungen gut. Inzwischen werden Überweisungen allerdings nicht mehr gedruckt, sondern
gleich online überwiesen.

Die gelungene Überweisungsmetapher war Mitte der Neunziger
Jahre einer der Erfolgsfaktoren von Intuits Quicken gegenüber
Microsofts Money. Während Money das Erfassen der Überwei-

sungsdaten in einem Dialogfenster mit Standard-Eingabefeldern forderte, wartete Quicken mit dem originalgetreuen Formular auf – und gewann bei den Anwendern.

Vom einfachen zum komplexen Gerät.

Eine Schreibmaschine besteht aus Gehäuse, Walzenwerk, Typenwerk (Funktionsteil), Einzugs- und Vorschubbedienung, und Typenauswahl bzw. Tastatur (User Interface).

Neben guter Walzen- und Typenmechanik ist für die Verwendbarkeit der Schreibmaschine entscheidend, dass die Typenauswahl leicht ist, und dass der Einzug und der Vorschub leicht und zuverlässig zu bedienen sind. Die Verwendbarkeit ist also ein Produkt aus der Effektivität (Wirkung) und Effizienz (Wirkungsgrad) von Funktions- und Bedienteilen.

Bild 7: Eine frühe Schreibmaschine

Bedienteile   Funktionsteile

Bei gleicher Anzahl und Qualität von Funktionen hängt die Verwendbarkeit zunehmend davon ab, wie gut die Bedienteile angeordnet und aufeinander abgestimmt sind. Bei gleich guten Bedienteilen ist der Funktionsumfang ausschlaggebend. Bedienen und Funktionieren ergänzen einander auf der sachlichen Ebene; auf der Marktebene stehen sie im Wettbewerb zueinander.

Vom einfachen zum komplexen User Interface.

Eine elektrische Schreibmaschine hat ähnliche Funktions- und Bedienungsteile wie ihr mechanisches Pendant. Oft hat sie zusätzliche Funktionen, wie z.B. das vorab Anzeigen der aktuellen Eingabezeile und Zeichen löschen oder einfügen mit den dazugehörigen Bedienschritten: **Form follows Function**.

Ein Schreibprogramm auf dem Computer hat vom Prinzip her die Funktion einer elektrischen Schreibmaschine. Doch bietet es auch Bearbeitungsmöglichkeiten, die weit über die Möglichkeiten der Schreibmaschine hinausgehen. Entsprechend umfangreich sind die Bedienungselemente: Menüs, Symbolleisten, Funktionstasten, Assistenten, Modussteuerungen, Formatierungshilfen usw.: **Form follows Use Case**.

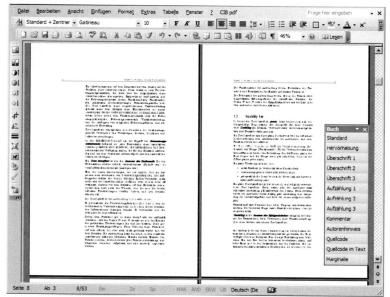

Bild 8: Eine Textverarbeitungssoftware

Das User Interface einer ausgewachsenen Textverarbeitung gleicht mehr dem Cockpit eines Düsenjets als einem Schreibgerät.

Bild 9: Cockpit eines Düsenjets

Schreib- wie Flugsituationen können komplex sein, dementsprechend vielfältig und spezialisiert sind die hierzu dienenden Werkzeuge.

Für die Verwendbarkeit von so komplexen Instrumenten wie Flugzeuge oder Office-Software haben – neben dem Funktionszuschnitt – auch die Bedienungsphilosophie, Bedienungssystematik, Workflowsteuerung, und das Abfangen von kritischen sowie „gebräuchlichen" (nahe liegenden) Bedienfehlern eine zunehmende Bedeutung: **Function follows Use Case**.

Bei einem softwaregestützten Werkzeug finden die Interaktionen in der Oberfläche nach den von dem dazugehörigen Anzeige- und Bedienkonzept aufgestellten Regeln statt. Falls ein solches Regelwerk im Projekt nicht zum Einsatz kommt, gelten die Regeln, die der Entwickler nach bestem Wissen, Gewissen und nach Tagesform implementiert.

Funktionsvielfalt steigert potentiell die Anzahl der beim Bedienen zu treffenden Entscheidungen.

Bild 10: Viele Funktionen führen tendentiell zu vielen Bedienschritten

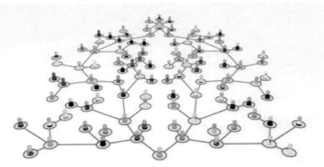

Generell lässt sich behaupten: Je mehr Funktionen und Verwendungsvarianten ein Softwarewerkzeug hat, desto mehr **Bedienteile** (z.B. Knöpfe) und/oder **Bedienschritte** (z.B. Menüauswahlstufen) hat es auch – *potentiell*. Die Anzahl der beim Bedienen vom Anwender (oder von der Applikation) zu treffenden Entscheidungen steigt – ebenfalls potentiell – mit der **Funktionsvielfalt** und mit der **Funktionsvarianz**.

Dabei führt Funktionsvielfalt praktisch nicht zwangsläufig zur erhöhten **Bedienkomplexität**, ebenso wie ein Werkzeug mit nur wenigen Funktionen nicht automatisch einfach zu bedienen ist. Die tatsächliche (bzw. vom Anwender wahrgenommene) Anzahl von Bedienteilen und Bedienschritten hängt nicht allein von der Funktionalität ab, sondern ebenso von der **Bedienmetapher**, die der Software zugrunde liegt.

Die Bedienmetapher umschreibt die vom Entwickler beabsichtigten Assoziationen des Anwenders beim Verwenden der Software. „Drag & Drop" und „Slider Control" sind Beispiele für solche Bedienmetaphern. Der Anwender assoziiert das Look und Feel der Software mit Objekten aus der realen Welt. Er überträgt seine physischen Erfahrungen mit diesen Objekten auf seine Erwartungen bezüglich dessen, wie ihre Nachbildungen in der Software handzuhaben sind.

Eine enge Anlehnung der Handhabung und des Verhaltens von Oberflächenelementen an mechanische Gesetze und traditionelle Kulturtechniken kann sich positiv auf die intuitive Anwendbarkeit von Softwareprogrammen auswirken. Nachbildungen von realen Dingen und Vorgängen mittels virtueller Bedienteile sind insbesondere bei Spielen und Simulationen weit verbreitet.

Vor dem Aufkommen der GUIs (Graphical User Interface) waren beispielsweise Dame- und Schachspiele im Umlauf, bei denen die verschiedenen Figuren durch Buchstaben repräsentiert wurden.

Um Figuren zu bewegen, musste man die Start- und Zielposition über die Tastatur eingeben, z.B. „d2-d4". Das Schachspielen im Textmodus war etwas, das man als Schachspieler in Kauf nahm, um eine Partie mit einem weit entfernten Gegner zu spielen.

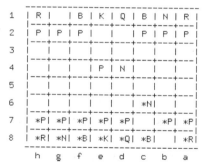

Bild 11: Schachspielen im Textmodus (telnet)

Um jedoch ein Gespür für die tatsächliche Spielsituation zu bekommen, bauten sich die Spieler nebenher ein richtiges Schachbrett mit echten Figuren auf und zogen die Partie darauf Zug um Zug nach.

Bild 12: Schachspielen auf einem 3D-Brett (gnome)

Als graphische Schachspiele aufkamen, bei denen man auf einem 3D-Schachspiel die Figuren mit der Maus greifen und ziehen konnte, verschwand das Schachspielen im Textmodus fast vollständig wieder von der Bühne.

Virtuelle Nachbildungen realer Dinge lassen sich schneller verstehen und intuitiver bedienen, als abstrakte Modelle.

Bild 13: Virtuelle Nachbildungen realer Dinge (x-windows)

Im kommerziellen Umfeld überwiegen heute Applikationen, die

- einen Webbrowser als UI Framework verwenden,
- ein GUI (Graphical User Interface) haben,
- mit Maus und (ergänzend) mit Tastatur bedient werden,
- Töne, Sprache und Videos als Ausgabemedien verwenden,
- elektronische Formulare darstellen,
- und / oder grafische Modelle von Vorgängen bzw. durchzulaufenden Workflows bereitstellen,
- und /oder grafische Modelle von Bearbeitungsgegenständen bereitstellen,
- und /oder ergänzende Dienste (z.B. RSS Feeds) zur Verfügung stellen.

Bearbeitungs-gegenstände und Vorgänge

Bearbeitungsgegenstände und **Vorgänge** sind bei User Interfaces von zentraler Bedeutung: Um das was bearbeitet wird, und darum, wie dies erfolgt, dreht sich alles Übrige.

Vorgänge kann man mit Produktionsprozessen oder Workflows vergleichen. Bearbeitungsgegenstände entsprechen den Waren, die in Produktionsprozessen aus Rohstoffen hergestellt werden.

Zum Beispiel sind Map24 oder Google Maps Webapplikation, mit denen man Karten ansehen, Routen berechnen und verschiedene Dinge auf der Landkarte suchen und finden kann. Sie ermöglichen die Navigation in einem grafischen Modell, haben aber auch Formularfelder zur Eingabe der Routenkriterien und geben die errechnete Route als Liste von Stationen aus.

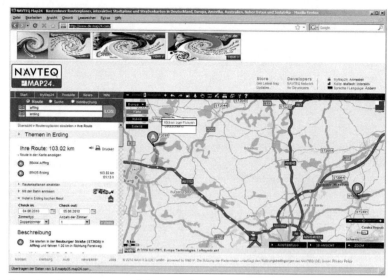

Bild 14: Map24
http://www.de.map24.
com/
Mit freundlicher
Genehmigung von
NAVTEQ

Der in der Maps-Applikation (unter anderen) unterstützte Vorgang bzw. Anwendungsfall ist das Finden der passenden Route von A nach B. Dabei ist die Landkarte mit der eingezeichneten Route der Bearbeitungsgegenstand der Applikation.

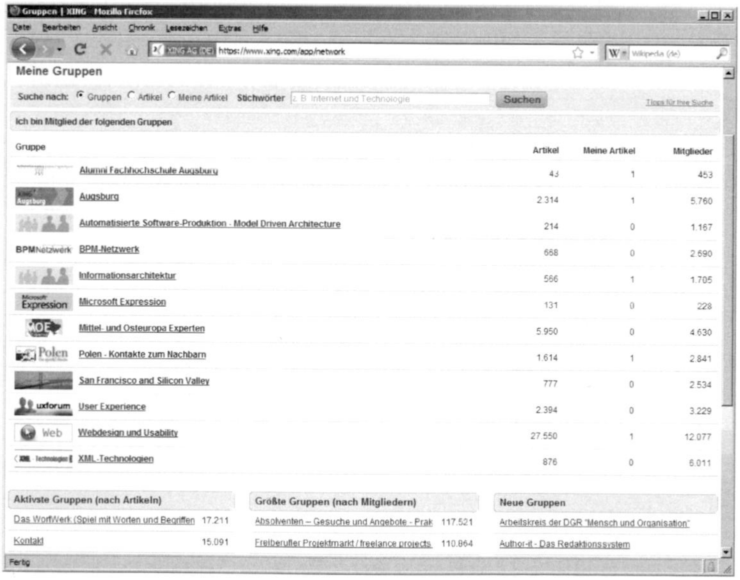

Bild 15: Xing Business
Contacts Manager

https://xing.com
Mit freundlicher
Genehmigung von
XING

Die Business Networking Anwendung Xing verwaltet eine Reihe von Bearbeitungsgegenständen wie Profile, Termine, Kontakte und Gruppen. Sie werden in Listen und in Einzelansichten angezeigt. Die von der Applikation unterstützten Aktivitäten drehen sich um Abrufen von Informationen über und das Kommunizieren mit anderen Netzwerkteilnehmern anhand vom Filtern, Sortieren, Ansehen und Pflegen dieser Objekte.

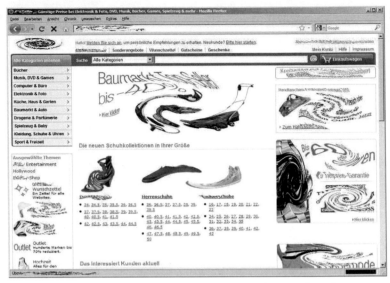

Bild 16: Leitseite eines Shopping Portals

Bei einem Shopping Portal geht es um den Einkaufsvorgang. Dieser (im User Interface im Hintergrund gehaltene) Vorgang ist in die Phasen des Aussuchens (Bearbeitungsobjekte = Trefferliste und einzelne Artikel) und des Kaufabschlusses (Bearbeitungsobjekte = Artikel im Einkaufswagen) aufgeteilt. Der Benutzer wird durch einen Workflow geführt: 1. Artikel ansehen 2. Auswahl in den Einkaufswagen hinzufügen 3. Ausgesuchte Artikel überprüfen 4. Zahlungsinformationen eingeben 5. Bestellung überprüfen und bestätigen.

Typische und weit verbreitete Vorgänge bzw. Anwendungsfälle in Softwareapplikationen sind:

- Exploratives Nachschlagen (typische Vertreter: Google, Google Maps, Wikipedia, Xing)
- Katalog-Shopping (z.B. Otto, Amazon, Ebay, Autoscout24)
- Kommunikation (Mail, Social Networking wie Xing, CRMs, Issue Tracker)
- Dokumenten- und Webseitenerstellung (Word, Powerpoint, Content Management und Publishing Systeme, Grafikprogramme)
- Konstruieren von Maschinen (CAD)
- Verwaltung und Unternehmenssteuerung (Sachbearbeitung, Finanzverwaltung, Kundenverwaltung, Excel, SAP, CRM)
- Spiele und Unterhaltung (Arcade, Strategie, Simulationen)
- Verwalten und Wiedergabe von Medien (Audio, Video, Webradio, Mediendateien und -streams)
- Softwareentwicklung (IDEs, Design Tools)

Obwohl alle diese Anwendungsfälle und Anwendungsformen in der Handhabung sehr unterschiedlich sind, haben sie gemeinsame (abstrakte) Aspekte der Verwendung, zum Beispiel:

- Suchen und Auswählen

- Auslösen von Aktionen

- Zuordnen und Verknüpfen

- Anordnen und Ändern von Daten

In der DIN-EN-ISO-9241-110 ist der Begriff der **Benutzungs-schnittstelle** definiert als „Alle Bestandteile eines interaktiven Systems (Software oder Hardware), die Informationen und Steuerelemente zur Verfügung stellen, die für den Benutzer notwendig sind, um eine bestimmte Arbeitsaufgabe mit dem interaktiven System zu erledigen."

Definition des User Interface

Ein **User Interface** ist damit die **Summe der Bedienteile, deren Anordnung und Wechselwirkung**.

Zu den Bedienteilen zählen sowohl Steuerelemente (Knöpfe, Regler, Auswahllisten etc.) als auch Informationselemente (Anzeigen, Signale etc.). Bei Software sind damit alle (virtuellen) Eingabeelemente und alles gemeint, was die Software in Richtung Anwender ausgibt (also Schaltflächen, Eingabefelder, Anzeigen, Töne, haptische Signale etc.)

Aber auch Seitenlayout, Ablaufstruktur und Ablauflogik gehören zum User Interface einer Software. Das User Interface umfasst damit neben Eingabe, Ausgabe und Steuerung selbst auch die Anordnung, Ablaufreihenfolge, Verhalten und Situationsabhängigkeiten von Eingabe, Ausgabe und Steuerung.

Bild 17: Umfang eines User Interface

Software User Interface 🏭		
Ein- und Ausgabe	Information: Anzeigen, Töne, Signale, Texte, Grafiken, bewegte Bilder Steuerung: Eingabefelder, Schaltflächen, Regler, Widgets, Fenster	
Anordnung	Seitenlayout, Listen, Tabellen Ablaufstruktur, Ablaufreihenfolge	
Verhalten	Ablauflogik Interaktionen Situationsabhängigkeiten	

Der Baustoff, aus dem Software User Interfaces gebaut sind, sind verschiedene Sorten von Informationsträgern. Primär sind das Träger für die Informationen, die zwischen Anwender und Applikation ausgetauscht werden.

Sekundär gehören dazu auch die Informationen, die dazu dienen, diesen Austausch in allen seinen Aspekten zu bewerkstelligen.

Strukturieren und Anordnen von Informationen

Hauptaspekt des Verwendens wie des Entwickelns von Software User Interfaces ist das geeignete Strukturieren und Anordnen von Informationen zur Darstellung auf dem Bildschirm und/oder für die Druckausgabe.

Nachgelagerter, jedoch notwendiger Aspekt ist das Strukturieren und Anordnen von Informationen zur Steuerung der Abfolge und der Wechselwirkung dieser Darstellungen in Abhängigkeit den Bedienaktionen des Anwenders.

Fazit: User Interfaces und Funktionen sind symbiotisch. Ohne Funktionalität ist ein User Interface sinnlos. Funktionalität ohne Bedienmöglichkeit auch.

Road Check „User Interface":

RC01: Welche der unten genannten Dinge sind Bestandteile eines User Interface?

☐ *a). Eine API*

☐ *b). Anzeigen und Regler einer Maschine*

☐ *c). Darstellungs- und Steuerelemente einer Software*

☐ *d). Tastatur, Maus, Display, Drucker, Grafiktablett und andere am Computer angeschlossene Ein- und Ausgabegeräte*

☐ *e). Ein Treiber für ein am Computer angeschlossenes Gerät*

☐ *f). Das Ausgabeformat der Informationen (z.B. PDF)*

RC02: Welche der unten genannten Dinge sind Bestandteile eines User Interface?

☐ *a) Ablaufstruktur, Kontrollelement, Interaktion, Dialogmodalität*

☐ *b) Systemgerät, Softwaretreiber*

☐ *c) Ein- und Ausgabeelement, User Interface Logik*

☐ *d) Datenzugriffsschicht, Funktionsschnittstelle*

☐ *e) Grafiken, Texte, Töne, Animationen*

☐ *f) Eingabe, Verarbeitung, Ausgabe*

☐ *g) Ein- und Ausgabegeräte, Programmschnittstelle*

☐ *h) Eingabeempfänger, Interpretationsregeln, Ausgabemechanismen*

RC03: Identifizieren Sie (anhand einer Skizze) bei einem einfachen Gerät oder Werkzeug Ihrer Wahl dessen Bedien- und Funktionsteile. Notieren Sie, was die Funktionsteile tun und was die Bedienteile tun. Welche Bedienteile sind substantiell, welche fakultativ?

RC04: Was zählt bei einer Software zu den Bedienteilen eines User Interface? Was umfasst das User Interface einer Software neben den Bedienteilen?

1.2 Usability her

Je besser ein User Interface **zum User passt**, desto besser kann dieser das dazugehörige Gebrauchsding **nutzen**. Die Messgröße für diese Qualität wird **Usability** (zu Deutsch: Verwendbarkeit, Gebrauchstauglichkeit oder Benutzbarkeit) genannt.

Ein User Interface mit einer guten Usability ist wie ein erfahrener Vermittler zwischen dem Arbeitsmodell des Anwenders und dem Funktionsvorrat der Software. Ein Werkzeug mit einer guten Usability reagiert zuverlässig auf die Bedienschritte des Anwenders. Es tut zuverlässig, was es soll, frustriert nicht und spart Aufwand.

Usability ist die Summe der Erfolgserlebnisse abzüglich des Quadrats der Frustrationen beim Verwenden eines Funktionsumfangs (d.h. dem Bedienen eines Gerätes mittels seines User Interfaces).

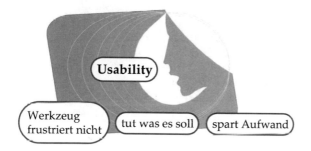

Bild 18: Faktoren der Usability

Erfolge und Misserfolge zählen nicht gleich. Ein erfolgreich abgeschlossener Arbeitsschritt motiviert zum Weitermachen. Bei einer Kette von Erfolgen ist man bereit, jeweils den nächsten Schritt zu machen.

Usability des Werkzeugs entscheidet über den Erfolg des Anwenders

Bei einem Misserfolg wiederholt man einmal oder zweimal die Arbeit. Dabei ist man, je nachdem, wie viel Aufwand man in die Wiederholung des bereits erledigt Geglaubten gesteckt hat, etwas frustriert oder aber richtig bedient. Bei mehreren Misserfolgen ist man einfach nur beleidigt, und will das Werkzeug, oder die Software nicht weiter verwenden.

Ein gutes Werkzeug ist eines, das:

Usability Kriterien

- bestimmungsgemäß verwendet werden kann
- keine Zusatzarbeit durch überflüssige Bedienschritte verursacht
- nicht zu Fehlern verleitet
- gelegentlich die Laune bessert (es überrascht mit unerwarteter Aufwandersparnis)

Da muss es also passen: Ein Ding muss ordnungsgemäß funktionieren und dem Anwender ein „Wow" entlocken, indem es seine Erwartungen übererfüllt.

Frustrationsfaktor Nummer eins beim Umgang mit technischen Geräten: Du versuchst Dinge unter Kontrolle zu halten, aber sie reagieren nicht.

Frustrationen und Erfolge sind nicht äquivalent. Wenn man etwas dreimal machen muss, ist man beleidigt, auch wenn es zum Schluss doch geklappt hat.

Usability zeigt oft spöttisch mit dem Finger auf schlecht gemachte Dinge und zeigt ihre Unbenutzbarkeit an. Usability Verfechter, Gurus und Experten zeigen uns schlechtes Design und seine frustrierenden Effekte [Isys2000], [Flan10], um uns gutes Design beizubringen.

„Usability matters", „Usability makes the World work better", „Who said users don't matter?", und „Usability serves us well" sind einige der griffigen Slogans des World Usability Day. Der World Usability Day ist ein jährlicher, weltweiter Aktionstag für Gebrauchstauglichkeit von Dingen des täglichen Gebrauchs. Er wurde vom internationalen Expertenverband Usability Professionals Association (UPA) ins Leben gerufen. Bekannte Bildmotive zur Usability zeigen Streichholzköpfe ohne Hölzchen, Kannen mit Griff und Hals auf gleicher Seite, oder Essbesteck ohne Griffe.

Bild 19: Essbesteck ohne Griffe

Angelehnt an ein Poster zum World Usability Day 2006

Die Ansprüche an die Usability von Software steigen, weil das Verwenden von Computerprogrammen zu einer üblichen Kulturtechnik wie das Lesen, das Schreiben oder das Telefonieren geworden ist.

Es gehört zum Alltag des modernen Menschen, Software anzuwenden. Dadurch wird Software wie ein täglicher Gebrauchsgegenstand (keine Mystik, keine Ehrfurcht) verwendet und bewertet.

Die Usability eines User Interface kann zum Beispiel nach den folgenden Kriterien bewertet werden.

- **Erster Eindruck**: Eine Studie hat ergeben, dass Nutzer von Internetseiten ihr Urteil über das Design der Seiten bereits nach 50 Millisekunden fällen [Rötz06].

- **Offensichtlichkeit und Eindeutigkeit des Verwendungszwecks**: „Form follows function" sollte sicher vermitteln, wozu das Werkzeug dient und wozu nicht.

- **Intuitivität des Verwendens**: Die Bedienelemente sollten Metaphern verwenden, die es den Anwendern leicht machen, sie mit den dahinter liegenden Funktionen assoziieren.

- **Klar erkennbare physische/logische Eigenschaften der Bedienelemente**: Die Bedienteile sollten Metaphern verwenden, die für sich eindeutig leicht zu erkennen sind. Das heißt: man sollte sich nicht fragen müssen, was das Bedienelement darstellt, bevor man sich mit der dahinter liegenden Funktion befassen darf.

- **Leichte Erlernbarkeit**: Keine komplizierten Arbeitsgänge, keine unbekannten Bedienelemente und Interaktionen.

- **Langfristige Erlernbarkeit**: Bedienschritte, die am Anfang kompliziert oder neuartig anmuten, tragen unter dem Strich zu guten Handhabung des Werkzeugs bei und werden, sobald man sich an sie gewöhnt hat, ebenso intuitiv ausgeführt, wie die einfachsten Operationen.

- **Tempo der Aufgabenerfüllung**: Keine Wartezeiten nach dem Betätigen von Bedienelementen, sofortige Reaktion.

- **Erfüllen der Funktionserwartung**: Werkzeug erledigt die Funktion vollständig und korrekt.

- **Erfüllen der Reaktions- und Konvergenzerwartung**: Bedienelemente liefern eine Rückkopplung, auf das erneute Betätigen eines Bedienelements folgt auch die gleiche bzw. aus Anwendersicht folgerichtige Reaktion.

- **Subjektive Benutzerzufriedenheit**: Der zweite Blick zum ersten Eindruck. Meist mit diesem übereinstimmend, in Ausnahmefällen aber gegensätzlich, z.B. Enttäuschung über ein zunächst viel versprechendes Werkzeug, oder aber Begeisterung nach anfänglicher Skepsis.

Man kann jedes der obigen Kriterien mit einer Schulnote bewerten und dann den Durchschnitt bilden. Auf diese Weise erhält man eine „objektivierte" **Bewertungszahl für die Usability** eines Gebrauchsdings. Diese Bewertungszahl kann z.B. beim Vergleichen der Usability von mehreren Werkzeugen mit dem gleichen Anwendungszweck oder aber beim Vergleichen des Usability Empfindens für ein und dasselbe Werkzeug in einer heterogenen

Bewertungszahl für Usability

Zielgruppe nützlich sein. Dennoch bleibt Usability eine subjektive Größe.

ISO 9241 Definition

In der ISO 9241 (Richtlinien für die ergonomische Gestaltung von Bildschirmarbeitsplätzen) wird Usability so definiert: **Usability eines Produktes ist das Ausmaß, in dem es von einem bestimmten Benutzer verwendet werden kann, um bestimmte Ziele in einem bestimmten Kontext effektiv, effizient und zufrieden stellend zu erreichen.**

Benutzbarkeit und Unbenutzbarkeit

Die Usability Definition fordert: **effektiv, effizient, zufrieden stellend.** Man kommt also nicht drum herum, sich mit der Befindlichkeit des Benutzers auseinandersetzen: Mit seinen kleinen Siegen und Niederlagen, und mit seiner subjektiv-objektiven Bewertung der Benutzbarkeit bzw. Unbenutzbarkeit des verwendeten Werkzeugs.

Unbenutzbarkeit ist leichter zu belegen als gute Usability, daher findet man zwar schnell viele Negativbeispiele, aber kaum handfeste Regeln für das Vermeiden von unbenutzbaren Konstruktionen bzw. für das Herstellen gut benutzbarer Dinge.

Bei der Suche nach einer Definition des Begriffes „unbenutzbar" fand ich keine sachliche Festlegung dessen, was Verwendbares vom nicht Zumutbaren scheidet. Wenn gute Usability eine rein subjektive Wahrnehmung ist, dann ist Unbenutzbarkeit lediglich eine andere Empfindung. Das hätte aber zur Folge, dass ein User Interface sich wie ein Kunstwerk der objektiven Bewertung entzöge.

Bild 20:
Verwendungszweck
vs. Benutzbarkeit

Das Objekt links im Bild ist offensichtlich unbenutzbar. Wir können es sofort bewerten, weil uns Anwendungszweck und Verwendungsweise einer Kaffeekanne als Kennern der dazugehörigen Kulturtechnik klar erkennbar sind. Der Verwendungszweck des Objekts rechts ist zunächst nicht klar einzuordnen. Daher ist auch eine Aussage über die Benutzbarkeit des kleinen Roboters nicht ohne weiteres möglich. Insbesondere Spielzeuge entziehen sich der Bewertung ihrer Benutzbarkeit, zumal Sie oft Hindernisse in der Nutzung als Spielelemente verwenden.

Verwendbares zu erstellen setzt voraus, Verwendbarkeit analysieren und bewerten zu können. Das wiederum setzt voraus, die

Anwendungssituation nachzuvollziehen und daraus Anforderungen, Bedienungsphilosophie, Bedienungselemente und vieles mehr so ableiten zu können, dass ein optimales User Interface entsteht.

Ein Kugelschreiber ist gut zu gebrauchen, wenn er gut in der Hand liegt, nicht schmiert und nicht stockt. Ein Anwendungsprogramm, zum Beispiel ein Mailclient oder eine Textverarbeitung, ist gut zu gebrauchen, wenn – ein ordentliches Display, Tastatur, Maus und ein stabiles Betriebssystem des Computers vorausgesetzt – seine Bedienung übersichtlich und intuitiv ist, und der Benutzer zielsicher auf dem Weg zum gewünschten Schriftstück unterstützt wird.

Generell ist also das Werkzeug dann gut, wenn es wie ein verlängerter Arm der Arbeitsweise des Anwenders folgt und ihn nicht verunsichert oder gar beim Arbeiten behindert.

Ein Anwender verwendet die Software auf seinem Computer, um ein bestimmtes Ziel zu erreichen, z.B. um Aufgaben in seinem Sachbearbeitungsprogramm zu erledigen, um Internet-Zeitung zu lesen, eine Mail zu schreiben, einen Termin zu vereinbaren, einen Artikel in einem Online-Shop zu kaufen, oder um unterhalten zu werden.

Dabei erlebt er kleine Erfolge (davon wird er/sie schwungvoller und zufriedener) und gegebenenfalls kleine Misserfolge (davon wird er/sie deprimiert und ärgerlich). Man will ja mit der Software eine Aufgabe erledigen. Wird man dabei ausgebremst, weil das Werkzeug dauernd klemmt und schlecht in der Hand liegt, dann wird man versuchen, sich ein besseres Werkzeug (eine Software mit besseren Funktionen und/oder einem besseren User Interface) zu verschaffen.

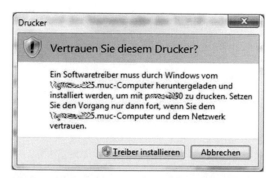

Bild 21: Zwei verunsichernde Programmmeldungen

Geht das nicht, weil die Funktion anderweitig nicht verfügbar ist, oder die Software vom Unternehmen vorgeschrieben ist, erliegt man schließlich der Frustration und verrichtet Dienst nach Vorschrift. Dienst nach Vorschrift führt zu schlechten Produkten und diese wiederum zum Misserfolg des Unternehmens.

Martin Seligman hat die Theorie der erlernten Hilflosigkeit [Seli99] entwickelt: Hat man versucht, eine Kulturtechnik anzuwenden (in unserem Fall eine Softwareanwendung zur Erledigung einer Aufgabe zu benutzen), und ist dabei gescheitert, dann nimmt man an, dass man in einer ähnlichen Situation bzw. mit ähnlichen technischen Mitteln wieder scheitern wird.

Tut eine Software Dinge, die der Anwender nicht (bewusst) ausgelöst hat, dann wird der Anwender lernen, dass er mit seinen Aktivitäten nicht den gewünschten Einfluss auf die Software nehmen kann.

User Interfaces, die dem Anwender das Gefühl von Hilflosigkeit geben, werden gemieden oder bestenfalls apathisch hingenommen.

Usability ist ein Erfolgsfaktor

Vernünftige, frustrationsarme Werkzeuge sind ein genauso wesentlicher Erfolgsfaktor wie vernünftige, frustrationsarme Prozesse. Kontraproduktive Werkzeuge und Prozesse werden ausgewechselt oder, wenn sie nicht ausgewechselt werden, verscheuchen sie engagierte Mitarbeiter aus dem Unternehmen.

Ein User Interface mit hohem Gebrauchswert wird häufiger verwendet als ein leidlich verwendbares User Interface. Beim Leidlichen hält der Anwender im besten Fall trotz schlechter Ausrüstung pflichtbewusst die Stellung und kämpft sich durch. Beim Gebrauchstauglichen erlebt der Anwender durch richtig gute Ausrüstung eine Steigerung des Selbstwertgefühls und wird bei seinen Aufgaben beflügelt. Man kann berechtigt mutmaßen, dass das Engagement des Anwenders im Fall zwei signifikant größer ist. Erfolgserlebnisse motivieren.

Also sind gute User Interfaces für alle wichtig: Für die Entwickler unternehmensinterner Software, weil davon auch ihr eigener Arbeitsplatz abhängt; für die Entwickler von Konsumentensoftware, weil davon die Kaufbereitschaft der potentiellen Anwender abhängt, für die Unternehmer, weil davon die Zufriedenheit der Mitarbeiter und damit die Produktivität des Unternehmens abhängt.

Frustfreie Mitarbeiter arbeiten besser; frustfreie Kunden kaufen besser.

Beispiel: An einem trüben Wintertag möchte ich gerne die vollständige Ausgabe der Sterntagebücher als Hörbuch kaufen. Der Shop schlägt Vorbestellen vor, das schlägt aber fehl (falsch codierte Page, dann ein URL Fehler). Mein Kauf schlägt fehl und ich bin mehrere Wochen auf den Onlineshop beleidigt.

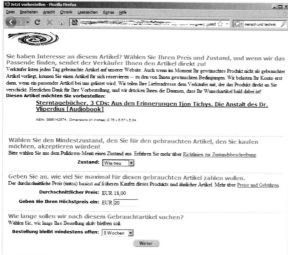

Ein frustrierendes Softwareerlebnis

Bild 22: Die Sterntagebücher sind vergriffen, aber gebraucht zu bekommen

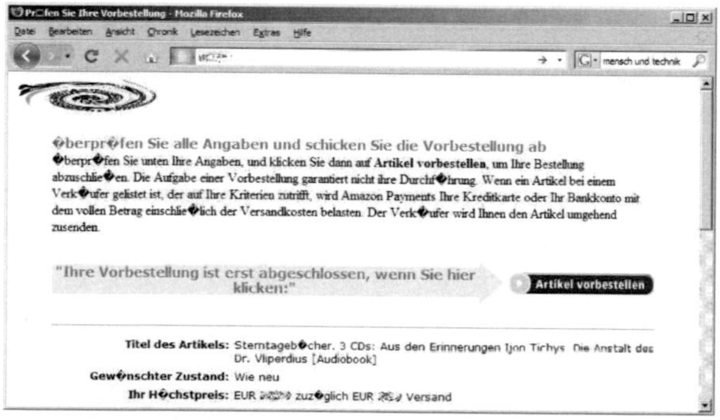

Bild 23: Ja, ich möchte vorbestellen

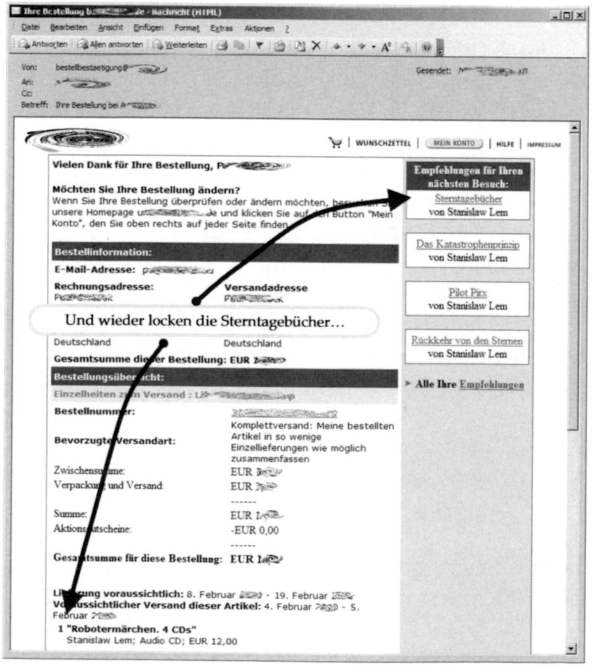

Bild 24: und täglich grüßen die Sterntagebücher

Ich kaufe stattdessen Robotermärchen.

Der Shop empfiehlt mir, beim nächsten Mal doch die Sterntagebücher zu kaufen.

Werkzeuge und damit deren User Interfaces existieren nicht kontextfrei, sondern sind stets Teil eines produktiven Prozesses und werden für einen oder mehrere Arbeitsschritte in diesem Prozess eingesetzt.

Das gilt auch für Softwareanwendungen: Sie sind Sammlungen von formalisierten Verfahrensschritten zu einem bestimmten Sachgebiet. Ausschlaggebend ist dabei, dass die Transaktion, das Verfahren, bzw. der Prozess selbst seinen Ursprung und seine Wirkung in der realen Welt hat, während das Werkzeug (also die Softwareanwendung) ein Erfüllungsmedium (also ein Dienstleister im Kontext des in der Software abgebildeten Verfahrens) ist.

Das Verwenden eines User Interfaces ist also ein Delegierungsvorgang einer Aufgabe an ein erfüllendes Medium.

Werkzeuge = Medien für Aufgaben in Prozessen

Will man zum Beispiel eine Akte von A nach B schaffen, kann man sie selbst hinbringen, oder einen Service nutzen. Die Schnittstelle zum Service ist für den Auftraggeber (= Anwender) der Kommunikationspartner (=User Interface) für die Übermittlung der Aufgabe und des Feedbacks über ihre Durchführung. Freilich hat diese Kommunikation eine völlig unterschiedliche Qualität, je nachdem, ob ich eine Akte nach B hintrage (UI = ich), sie einscanne und per Mail verschicke (UI = Mailprogramm), oder den Postservice anrufe (UI = Postbote).

Als Student habe ich einen Sommer lang im europäischen Patentamt in München als Stockwerkspostbote gearbeitet. Das Haus verfügte über eine Rohrpost. Eine sinnige Einrichtung zum vatikanischen Hin und Her der im Patentamt bearbeiteten Akten. Auf jeder Etage gab es ein Postterminal und ein Postbüro. Die ankommenden Akten steckten in Rohrkapseln; sie mussten aus den Kapseln entnommen und in das richtige Fach in einen Rollwagen gelegt werden. Jedes Fach entsprach einem Büroraum der zweiflügeligen Etage bzw. dem darin residierenden Patentanwalt. Zweimal am Tag, einmal am Vormittag gegen 10 und dann am Nachmittag gegen 15 Uhr schob ich einen der beiden Postwägen durch den dazugehörigen Etagenflügel und verteilte die eingegangene Post auf die Büroräume. Dabei sammelte ich auch gleich die zu versendende Post ein. Wieder im Postbüro, steckte ich die zu verschickenden Papiere in Rohrkapseln und verschickte Sie in die richtigen Stockwerke des Gebäudes. Öfter am Tag gab es dringende Post. Papiere mit dieser Aufschrift sollten nicht erst auf dem Wagen zwischenlagern, sondern mussten sofort in ein Büro, wo schon darauf gewartet wurde, gebracht werden. Die Ungeduld der Empfänger entlud sich gelegentlich am Botenjungen. Ein oder zweimal gar gerecht, wenn ich den Dringlichkeitsvermerk übersah und die Akte doch auf dem Wagen landete, statt per Pilgergang sofort zur richtigen VIP getragen zu werden.

Gelegentlich verschickte ich Akten in die falsche Etage. Einige Minuten später kamen sie, von der Hand des dort amtierenden Stockwerksboten in eine Retourkapsel gesteckt, aus dem Eingangsrohr zurückgerauscht. Wenn ich versehentlich ein Postbüro mit mehreren falschen Rohren beschoss, verursachte ich dort zusätzliche Arbeit. Manchmal war die Retourenpost daher mit einem ärgerlichen Kommentar versehen.

In der ersten Woche trat ich in viele Fettnäpfe. Eigentlich in alle, in die ich nicht in der zweiten Woche trat. Dabei fand ich heraus, wie ich die an sich stupide Arbeit so gut mache, dass man mich lobt oder zumindest nicht ausschimpft. Meine Tagesbilanz enthielt schließlich mehr kleine Siege als kleine Niederlagen [JSpo2001]. Dass ich diese Post-Prozess-Maschine gut bediente und die Post im Griff hatte, machte mir gute Laune. Ich war motiviert, führte also Postaustragungsballet auf und grinste meine Patentanwälte wie ein Waschbär an.

Ich stellte ein brauchbares User Interface für einen Prozess dar, der Patentanwälte offenbar mit Arbeitsstoff versorgte. Und ich wollte auch noch meine eigene Usability verbessern, weil mir der Job gut gefiel und weil man mich lobte, was mir auch gefiel. Zum Einen funktionierte ich wie der Prozess vorschrieb, zum Anderen baute ich in meinen Service kleine Extras ein.

In einer anderen Firma in einem anderen Sommer hatte ich die Aufgabe, die Einkaufskartei von Papier auf den Computer zu übertragen. Das Benutzen der Einkaufskartei war bereits ein etablierter Vorgang und die Kartei selbst war ein Rollwagen mit Hängetaschen, in denen Informationen über Lieferanten sowie über die Bestellungen, die die Firma bei diesen Lieferanten gemacht hat. Das neue Medium war eine DBase Datenbank und es galt, die bisherigen, gewohnten Vorgänge auf dieses Medium zu übertragen. Die Einkäufer waren gewohnt, mit den Akten in den Hängetaschen zu arbeiten. Da ihnen das neue Medium nicht geläufig war, nahmen sie gerne den Werkstudenten als User Interface für den neuen Karteirollwagen in Anspruch, d.h. die benutzten die Datenbank zunächst nicht selbst, sondern ließen sich in der Anfangszeit die benötigten Informationen aus der Datenbank von mir abrufen und die Kundenvorgänge eintippen auch.

Schlussfolgerungen aus diesen Beispielen:

- Eine Softwareapplikation ist ein automatisierter Service.
- Die qualitative Bewertung, die der Anwender vornimmt, ist bei menschlichem wie bei maschinellem Service ähnlich.
- Ein automatisierter Service nimmt keine qualitative Bewertung der eigenen Leistung vor; ein Mensch kann es und tut es im Optimalfall zuweilen.

Usability Engineering Ein Dosenöffner besteht aus Griff mit Vorschubsteuerung (Bedienteil) und Klinge (Funktionsteil). Für die Verwendbarkeit zum Dosenöffnen ist beides von Bedeutung: Der Griff muss gut in der Hand liegen und die Klinge muss gut schneiden, dann ist der Öffner gut zu gebrauchen.

Wie man einen guten Dosenöffner baut, ist wahrscheinlich bis heute nicht veröffentlicht. Versuchen sie ruhig eine Konstruktionsanleitung für einen guten Dosenöffner oder auch nur einen brauchbaren Öffner zu finden. Die Besonderheit an einem Dosenöffner aus UI Sicht ist, dass dieses Gerät zum Großteil aus User Interface besteht. Das Messer und die Führung sind vergleichsweise einfach gegenüber den Bedienteilen.

Bild 25: Ein Dosenöffner

Die Gebrauchstauglichkeit einer Textverarbeitungssoftware zu bewerten oder eine gut benutzbare Textverarbeitung zu konstruieren, ist umfangreicher als bei einem Dosenöffner.

Die Verwendbarkeitsgrundsätze, die Komplexität und die Methoden sind beim Bau eines mechanischen Geräts aber ähnlich wie beim Konstruieren einer Software. Das verbindende Element ist ganz simpel: Der Anwender ist das Maß aller Werkzeuge.

Menschen sind froh, wenn sie die Aufgaben, die sie lösen wollten, auf dem geraden Weg gelöst haben. Gute Werkzeuge unterstützen das effektive und effiziente Durchführen von Aufgaben. Gute User Interfaces tun also, was Anwender von ihnen als den „geraden Weg" erwarten. Usability Engineering vermittelt Entwicklern, was Anwender für den geraden Weg halten, damit sie es beim Konstruieren der Software berücksichtigen können.

Usability Engineering hat, wie jedes neu entdeckte Aufgabengebiet, Pioniere und Propheten, Fans und Infragesteller. Die Situation ähnelt jener, als Qualitätssicherung und Testmanagement beim Entwickeln von Software noch nicht weit verbreitet waren. Man hatte keine etablierten Methoden und Werkzeuge, auch Budget stellte man für so was im Zweifelsfall nicht bereit, da man es für Schmuck am Nachthemd hielt, aber das Wort „Qualität" schien hilfreich im Wettbewerb, also schrieb man in die Produktbeschreibung, das man viel für die Qualitätssicherung tue.

Das **Usability Labor** ist ein sagenumwobenes Wundermedium fürs Usability Engineering. Es ist ein Arbeitsplatz, an dem die Testanwendung von einer Testperson verwendet wird. In der Regel erhält die Testperson eine Aufgabe, die sie in einer vorgegebenen Zeit lösen soll. Dabei soll die Testperson laut denken und wird in der Regel auch in mehreren Kameraeinstellungen gefilmt.

Ich durfte als Entwickler an einem Usability Test teilnehmen, bei dem man durch einen Wandspiegel von einem Engineers Room in den Testraum des Usability Labs hineinschauen konnte. Wir, die Entwickler, durften dann bei Chips und Coke live zusehen, wie der Tester unser liebevoll entwickeltes Feature ausprobierte und zuhören, was er sich dazu dachte. Am Ausgang des Engineers Room stand meist ein groß gewachsener Kollege von der Qualitätssicherung, der aufgebrachte Ingenieure sanft, aber bestimmt davon abhielt, in den Testraum rüber zu gehen, um dem Tester Gewalt anzutun.

Bild 26: Typisches Usability Labor Szenario

http://www.tagzaniaservices.com/en/tag/ tagzania/ Mit freundlicher Genehmigung von Tagzania

Usability Labs helfen oft sozialverträglich, das überraschend Offensichtliche zu erforschen: Das Welt-Modell des Entwicklers ist zu kompliziert, die Anwendersicht richtet sich auf die Sache, nicht auf die wohlfeile Konstruktion der Anwendung. Daraus folgt, dass das primäre Ziel des Entwicklers sein muss, möglichst zu 100% das Welt-Modell des Anwenders zu treffen.

Usability ist also die Qualität, mit der sich ein Werkzeug auf eine technische Existenz [Bense49] (in Rolle des Benutzers) einstellt.

Sozialisierung auf die technische Existenz reduzieren

Weniger Kryptisch: Zur Bewertung des Gebrauchswertes eines Werkzeugs braucht man einen Referenzbenutzer, bei dem man bestimmte Kulturtechniken (z.B. Lesen, Schreiben, Mailen, Internetbrowser verwenden) voraussetzt. Menschen haben darüber hinaus ihren sozialen und gesellschaftlichen Kontext, sind durch bestimmte Erfahrungen und Wertevorstellungen geprägt. In die technische Existenz fließt das aber nicht ein. In Konsequenz wird z.B. die politische Überzeugung des Users bei der Usability Bewertung nicht berücksichtigt, seine Kenntnisse z.B. in der Astrologie hingegen schon, auch wenn beides für sein Zurechtfinden in der Software gleich belanglos oder wichtig sein könnte.

Road Check „Usability":

RC05. Finden Sie in Ihrem Arbeitsumfeld einige „schlecht benutzbare" Applikationen oder Applikationsteile. Notieren Sie, was Sie ärgert, was gut funktioniert, und was Sie am User Interface der Applikation ändern würden.

RC06. Bewerten sie die Usability Ihres Lieblingswerkzeugs (Handy, Taschenkalender, oder Ähnliches) mit Schulnoten nach den in diesem Kapitel vorgestellten Kriterien der Benutzbarkeit. Begründen Sie kurz ihre jeweilige Bewertung. Ziehen Sie einen Vergleich zum ähnlichen Werkzeug eines Kollegen/Bekannten).

RC07. Was ist Usability?

     ☐ *a). Ein Maß für de Verwendungshäufigkeit einer Software*
     ☐ *b). Ein Maß für die Komplexität einer Benutzungsschnittstelle*
     ☐ *c). Ein Maß für die Verwendungsqualität eines User Interface*
     ☐ *d). Ein Maß für die Verfügbarkeit der Softwarefunktionen an der Oberfläche*
     ☐ *e). Ein Maß für die Informationsdichte einer Dialogseite*

RC08. Welche der unten genannten Kriterien können zum Bewerten der Usability einer Software herangezogen werden?

     ☐ *a). Intuitive Verwendung*
     ☐ *b). Ausführliches Benutzerhandbuch*
     ☐ *c). Subjektive Benutzerzufriedenheit*
     ☐ *d). Erfüllen des Verwendungszwecks*
     ☐ *e). Verwenden von Signalfarben für die Beschriftung von Schaltflächen*

RC36: Wie würden Sie einen Usability Test mit dem Papierprototyp einer Applikation organisieren (Ablauf, Vorgehen, Ansatz für die Dokumentation der Ergebnisse)?

1.3   Anwender da, Entwickler dort

Softwareanwendungen werden von Menschen für Menschen gemacht. Es gibt also zwei grundsätzliche Blickwinkel auf eine Softwareapplikation: Den des Anwenders und den des Entwicklers. Alle anderen Rollen, z.B. Auftraggeber, Endanwender, Projektleiter, Architekten und System-Berater sind Spezialisierungen dieser Dualität.

Anwender und Software befinden sich einer Kommunikationsbeziehung, bei der Ausdrucks- und Wahrnehmungsformen des Menschen auf die Ein- und Ausgabemöglichkeiten der Maschine gemappt werden müssen.

Das untenstehende Fischgrätendiagramm illustriert diese Wechselwirkung: Anwender und Software „treffen" sich wie zwei artfremde Fische im Aquarium der möglichen Kommunikationsfaktoren und Interaktionen.

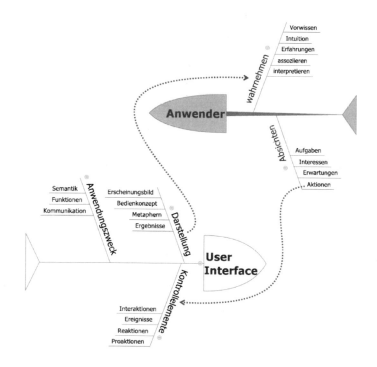

Bild 27: Mapping zwischen Anwender und User Interface

Der Fluss dieser Wechselwirkung zwischen dem Darstellen von Informationen durch das User Interface und dem Wahrnehmen durch den User sowie zwischen den Absichten des Users und den Bedienelementen der Software wird als Usability bzw. als Fehlen derselben empfunden.

Wie wir schon festgestellt haben, besteht ein User Interface aus Bedienteilen. Das können sehr unterschiedliche Medien und Ebenen sein, so wie dem Menschen unterschiedliche Sinne (Sehen, Hören, Tastsinn, Riechen, Schmecken) und Aktionsmög-

lichkeiten (Hände, Füße, Sprechen, Augenbewegungen, Gehirn-
ströme) zur Verfügung stehen.

Dementsprechend können bzw. könnten die Bedienteile eines
User Interfaces unterschiedliche Sinne ansprechen und über
unterschiedliche Wege betätigt werden.

Potentiell steht für ein User Interface das komplette Spektrum
der menschlichen Wahrnehmungs- und Ausdrucksmöglichkeiten
zur Verfügung bis hin zum Steuern einer Software über Gedanken und zu virtuellen Realitäten a la Matrix. Die ethischen Fragen dieser Potentiale sind ebenso weit reichend, wie die Szenarien und gesellschaftliche Folgen.

Bild 28:
Wahrnehmungs- und
Aktivitätsspektrum

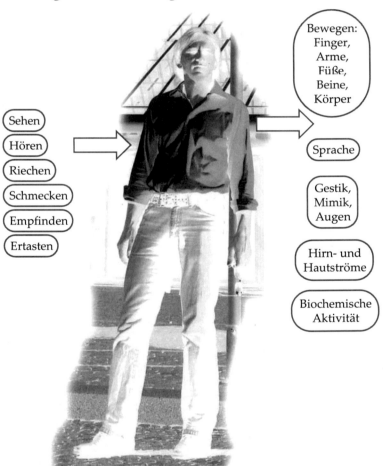

In der Praxis läuft das Meiste über Sehen und Hören sowie über
das Bedienen von Eingabegeräten mit Händen und zum Teil
über Sprachkommandos.

Was beim Menschen die Sinne und die Aktionsmöglichkeiten
über Hände, Finger, Sprache ermöglichen und zugleich beschränken, ist analog zu dem, was die Input-Output Hardware

einer Computerablaufumgebung für eine Anwendungssoftware erschließt oder auch nicht.

Die Möglichkeiten und Beschränkungen des User Interface einer Anwendungssoftware hängen von der Hardware und der Systemsoftware ab. Hat die Maschine, auf der die Software läuft, zum Beispiel eine Lageerkennungskomponente (wie das iPhone), dann lassen sich in Ablaufumgebung Anwendungen durch Neigen, Kippen und Drehen des Gerätes im Raum steuern. Ein System, an dem ein Farbbildschirm als Hauptausgabemedium fungiert, bedingt anders geartete Anzeige- und Bedienkonzepte als eines, das mit Augmented Reality arbeitet (also Computerbilder in die reale Umgebung einblendet, z.B. Headup-Display im Auto oder eine Datenbrille).

Wie der Anwender mit einer Software arbeitet, hängt vom Grad und Weise, wie unterschiedliche Ausdrucks- und Wahrnehmungsformen des Menschen durch die Systemplattform des Computers und das Anzeige- und Bedienkonzept der in dieser Umgebung laufenden Software unterstützt werden.

Außerdem benötigt der Anwender ein mentales Modell vom Bearbeitungsobjekt sowie ein mentales Modell vom Vorgang, der mittels der Applikation bearbeitet bzw. unterstützt wird.

Das was der Anwender mit der Software macht, ist auf der abstrakten Ebene konstant und vom Wie unabhängig: Es sind **Umformungen von Informationen**. Oft wird es ironisch „Bitschubserei" genannt. Im Folgenden bezeichne ich dieses Tun als **Strukturieren und Anordnen** (alias Layouting") von Informationen bzw. als **Informationsarchitektur**. *Informations-architektur im Alltag*

In der heutigen Informationsgesellschaft ist (zumindest für Deutschland) davon auszugehen, dass jeder, der schreiben und lesen kann, auch in irgendeiner Form Software verwendet. Damit hat jeder, der in dieser Wissensgesellschaft lebt, mit dem Strukturieren und Anordnen von Informationen zu tun – im Schwerpunkt je nach Anwendungsfall als Konsument oder als Bereitsteller.

Jeder, der eine Softwareapplikation verwendet, hat mit dem Strukturieren und Anordnen von Informationen zu tun:

- schreibt Mails
- erstellt Dokumente, Tabellen, Präsentationen
- modelliert und konstruiert Dinge (z.B. Häuser, Fahrzeuge, Maschinen, Systeme)
- verwaltet Mediendateien (meist Fotos und Musik)
- surft im World Wide Web
- benutzt Informationsdienste
- füllt elektronische Formulare aus

Office, Firefox, iTunes und Co. Mails senden und abholen, Fotoarchive und Musiksammlungen verwalten, Dokumente, Präsentationen, Listen und Tabellen erstellen, oder im Internet recherchieren sind flächendeckende Nutzfälle des Alltags, und damit weitgehend zumindest bei Digital Natives eine so selbstverständliche Kulturtechnik wie das Lesen und das Schreiben.

Bild 29: Strukturieren und Anordnen

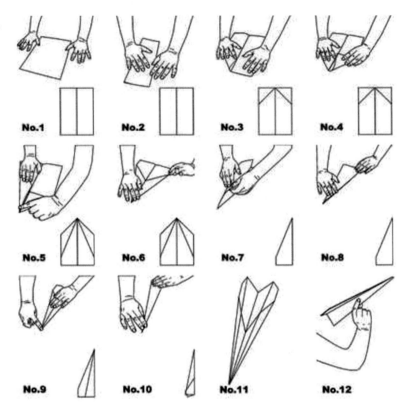

Strukturieren und Anordnen von Informationen ist unvermeidlich.

Wer die Beschreibung seiner Kanutour auf die private Website stellen will, muss sich mit dem Strukturieren und Anordnen von Informationen auseinandersetzen. Wer daselbst dem geneigten Katzenliebhaber seine Rassenkatzenzucht anpreisen möchte, auch. Ob man eine Einladung zum großen Vereinsfest erstellen, oder einen Online-Shop mit Angelzubehör eröffnen will - das Strukturieren und Anordnen von Informationen steckt überall mit drin. Man begegnet man ihm genauso unvermeidlich wie dem Lesen und Schreiben.

Das „Strukturieren und das Anordnen" von Informationen für die Darstellung/Bearbeitung in einer Software kann man in Layout und Informationsarchitektur klassifizieren. Im Vergleich zueinander ist Layout die Taktik, die Informationsarchitektur hingegen die Strategie des Anordnens von Informationen.

- **Layout** ist das Anordnen von Informationen auf einer Seite (z.B. Brief, Dokument, Formular, Dialogseite).

- **Informationsarchitektur** ist das Anordnen von Informationen im Gesamtzusammenhang (z.B. Fachdomäne, Geschäftsprozess, Arbeitsorganisation, Sachbearbeitung, Verwaltung, Website, Applikation).

User Interfaces zu verwenden ist wie von A nach B zu reisen. Die Mittel, Wege und Fahrgelegenheiten können ganz unterschiedlich sein, aber entscheidend ist, dass man sich stets dem Ziel nähert. Der Benutzer nimmt das User Interface nur dann **wertend** wahr, wenn es ihn positiv besonders überrascht, oder frustriert. Ein Werkzeug, das man sich nicht selbst ausgesucht hat, wird von vornherein mit Skepsis angesehen.

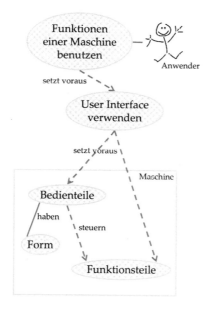

Bild 30: Mensch verwendet Maschine

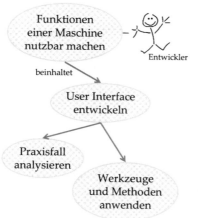

Bild 31: Mensch baut User Interface

User Interfaces zu konstruieren ist wie kochen: Die Details sind sehr individuell, aber entscheidend für die Genießbarkeit des Ergebnisses.

Jeder, ob Anwender oder Entwickler, muss sich mit Layouts und Informationsarchitekturen auseinandersetzen, weil das User Interface jeder Software ein Medium ist, das Informationen dieser Strukturierungs- und Anordnungsklassen transportiert.

Softwareentwickler sind mit Informationsarchitekturen sowie dem Strukturieren und Anordnen stärker konfrontiert, als normale Anwender. Genauso wie Lastwagenfahrer größere Autos fahren müssen als Privatfahrer. Zu den diesbezüglichen Entwickler-Aufgaben gehören:

- Das Erstellen von Anzeige- und Bedienkonzepten
- Das Entwickeln von Layoutregeln, Inhalten, Strukturen, Interaktionen und kontextabhängigem Verhalten
- Design, Programmierung und Test von Anwendungen

User Interfaces, Layout und Informationsarchitektur sind in der Informationsgesellschaft Themen, die alle angehen, denn **jeder ist von User Interfaces, Layouts und Informationsarchitekturen betroffen. Als Konsument, als Produzent oder als Beides.**

Road Check „Anwender- und Entwicklersicht"

RC9. Welche UI Formen sind heute bei PC-Software üblich?

    ☐ *a) Command Line Shells*
    ☐ *b) Textmasken*
    ☐ *c) Graphische Kontrollelemente*
    ☐ *d) Eingebettete Systeme*
    ☐ *e) Sprachsteuerung*
    ☐ *f) Wearable Computing*
    ☐ *g) Offener nicht angeleiteter Dialog*
    ☐ *h) Form filling Dialog*
    ☐ *i) Ubiquitous Computing*
    ☐ *j) Direkte Objektmanipulation*

RC10. Gewinnen User Interfaces beim Entwickeln von Anwendungssoftware an Bedeutung?

    ☐ *a) ja: Präsentation und Interaktion zwischen Anwender und User Interface machen oft mehr als 2/3 der Software aus*
    ☐ *b) ja: User Interfaces stehen im Mittelpunkt des Interesses der Auftraggeber und der Anwender*
    ☐ *c) nein: Die Bedeutung von User Interfaces steigt nicht, sondern sinkt, weil zunehmend standardisierte Dialogformen und Elemente eingesetzt werden*

RC11. Welche Rolle spielen die Erfahrungen aus der mechanischen Welt in einem softwaregestützten User Interface?

    ☐ *a) Kontrollelemente sind abstrakte Visualisierungen logischer Sachverhalte*

    ☐ *b) Kontrollelemente und Applikationsfenster bilden Bedienteile von mechanischen Werkzeugen und Bedienpulte von Maschinen nach*

    ☐ *c) Metaphorisches Nachahmen mechanischer Gesetze verbessert die Usability von Kontrollelementen*

    ☐ *d) Mechanik spielt bei Software User Interfaces keine Rolle, weil Software ein logisches Gebilde ist*

1.4   Quid pro Quo

Wenn Sie ein **Entwickler** (Architekt, Designer, Projektleiter) sind, soll das Buch Sie bei der Praxis des User Interface Entwickelns unterstützen, und Ihnen dabei helfen, verwendbare Anwendungen zu planen, zu konzipieren und umzusetzen.

Wenn Sie ein **Anwender** (Auftraggeber, Fachprojektleiter, Anwenderbetreuer) sind, soll Ihnen das Buch dabei helfen, Ihre Anforderungen an die von Ihnen benötigten Softwareanwendungen präzise zu formulieren, und Lösungen zu bewerten.

Dieses Buch handelt so gut wie fast ganz von User Interfaces für Softwareanwendungen. Und vom Entwickeln, also von User Interface Design. Die Fragen, die dabei beantwortet werden (sollen), sind:

- Was ist ein User Interface?
- Was ist Usability und wie kriegt man sie zu fassen?
- Mit welchen Methoden geht man an die Arbeit?
- Was beinhaltet eine User Interface Spezifikation?
- Was beinhaltet ein User Interface Style Guide?
- Was sind typische UI Verwendungssituationen?
- Wie sehen Lösungen für typische UI Situationen aus?
- Wie geht man beim Design und beim Redesign eines UI vor?
- Was sollte man beim Entwickeln von User Interfaces außerdem beachten?

Der „**Rote Faden**" durch „Die Praxis der User Interface Entwicklung" ist also folgender:

Zunächst wird geklärt, was ein **User Interface** ist, woraus es besteht und man tut, wenn man sich mit einem UI befasst. In diesem Zusammenhang wird **Usability** als Bewertungssystem für die Qualität der Mensch-Maschine Beziehung behandelt.

1. User Interface, Usability, Anwender

2. Methoden

Der zweite Teil stellt verschiedene **Methoden** zur Analyse und für den Entwurf eines User Interface. Anhand von Beispielen wird dabei der Einsatz hierfür geeigneter **Techniken und Werkzeuge** aufgezeigt.

3. Dokumente und
weitere Medien

Im Anschluss an die Methodenübersicht werden die beiden zentralen Dokumente eines User Interface Entwurfs detailliert beschrieben. Dies sind die **Funktionale Spezifikation** und das **Anzeige und Bedienkonzept** bzw. **User Interface Styleguide**. Gegebenenfalls kommen formale Modelle und Prototypen hinzu. Ergänzend werden weitere Verwendungszwecke von Dokumentationen und Anforderungen an diese beleuchtet.

4. Controls,
Dialogseiten, Abläufe

Die nächste Station zeigt typische User Interface Situationen wie **Auswahl, Zuordnung, Navigation, Workflowführung** und Abbildungsmöglichkeiten in einem GUI hierfür auf. Dabei werden verschiedene UI **Elemente, Layouts und Ablaufstrukturen** mit deren jeweiligen Vor und Nachteilen diskutiert.

5. Vorgehen und
Howtos

Die Darstellung von **Vorgehensweisen**, Entwicklungsstrategien, typischen Stolpersteinen und Lösungsansätzen für Herausforderungen während einer User Interface Entwicklung im Team schließt den Kreis.

Die „**Road Map**" in Stichworten:

- 1. Was (User Interface, Mensch, Usability)
- 2. Wie, Womit (Methoden, Werkzeuge)
- 3. Wo, Ergebnistypen (Spezifikation, Styleguide, Modelle, Prototypen)
- 4. Bausteine (Standardsituationen, Lösungen)
- 5. Organisation (Vorgehensweisen, Dos, Don'ts)

Die **Road Checks** sind kleine Aufgaben am Ende von Abschnitten bzw. Kapiteln. Sie beziehen sich auf die Anwendung der vorgestellten Konzepte und Methoden und unterstützen Sie dabei, das eben Gelesene in die Praxis umzusetzen.

Sowohl Auftraggeber als auch Hersteller von Softwareanwendungen benötigen für ihre Arbeit Rezepte für die Lösung konkreter Dialogsituationen. Also versteht sich das Buch, das Sie gerade in den Händen halten, als ein **User Interface Kochbuch**.

Kritik an den gängigen
User Interface Design
Anleitungen

Die gängige User Interface Literatur diskutiert durchaus Dialogelemente („die Zutaten"), kognitive Faktoren („die Gewürze"), die Ausführungsplattformen („das Speisezimmer"), Entwicklungswerkzeuge („die Küche"), Anwendermodelle („stereotype Restaurantbesucher") und Designregeln („die Besonderheiten der nationalen Küchen"), zeigt aber selten, wie man ein User Interface für einen bestimmten Anwendungsfall („die Mahlzeit") in

einem konkreten technischen Kontext („unsere Betriebskantine")
zubereitet und serviert.

Das heißt: Der Entwickler in spe bekommt üblicherweise den
Baukasten, die Methoden, und die Werkzeuge erklärt, nicht aber,
wie er auf einer konkreten Werkbank eine konkrete Lösung,
zum Beispiel ein User Interface zum Verwalten von Kunden und
Vorgängen im Intranet angeht.

Analoges Beispiel aus der Gebäudearchitektur: Gelehrt werden
z.B. Architekturprinzipien, Statik, Baustellenverwaltung, die Studenten wollen aber wissen, wie man ein bestimmtes Haus baut.
Problem des Lehrenden ist: Um konkret zu werden, braucht man
eine konkrete Situation, die ist aber nicht vorhersehbar. Deswegen lehrt man Regeln und nicht Lösungen.

Demgegenüber steht der Wunsch manches Lehrbuchlesers nach
Praxisanleitung und einem Grundstock von konkreten Lösungen
für Standardprobleme.

Konkrete Szenarien helfen Studierenden und Praktikern in der
Regel entscheidend, Zugang zu den Regeln und Lehrsätzen zu
finden und die Zusammenhänge zu erkennen.

Ansatz für einen Mittelweg: Repräsentative Fallbeispiele wählen
und konkrete Lösungen zeigen. Die Prinzipien, die hinter diesen
Lösungen liegen, können im Nachhinein erläutert werden und
sind für das Einsetzen der Lösungen in der Praxis keine zwin-
gende Lektüre.

Wer dieses Buch wie verwenden sollte:

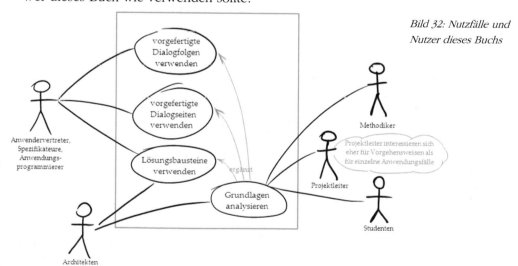

Bild 32: Nutzfälle und
Nutzer dieses Buchs

Das vorliegende Buch geht auf konkrete Anwendungssituationen
ein, und stellt hierfür User Interface Lösungen in Form von Be-
dienungskonzepten, Dialogseiten und Dialogabfolgen bereit.

Die Praxisfälle dieses Buchs bauen auf dem Ergebnis einer mit
verschiedenen Anwendern mit heterogenen Profilen durchge-

führten Umfrage, mit der die „gängigen" Anwendungsfälle ermittelt wurden.

Leitfrage für die Ermittlung der Praxisfälle

Die Grundlage der Praxisfälle ist die folgende Frage an Computeranwender (das sind in Deutschland inzwischen die meisten berufstätigen Menschen): „Welche Tätigkeiten erledigst Du regelmäßig (und typischerweise passend zu Deiner beruflichen Spezialisierung oder aber zum privaten/ehrenamtlichen Engagement) mit Hilfe einer Softwareanwendung auf dem Computer?".

Anwendervertreter, Spezifikateure und Anwendungsprogrammierer können die Beispiele im Ganzen als Lösungsvorlagen oder in Teilen als Lösungsbausteine verwenden.

Für Architekten, Methodiker, Projektleiter und Studenten sind die Lösungsbausteine und deren Grundlagen sowie die Vorgehensweisen beim Herleiten des User Interface aus den Anwenderforderungen von Nutzen.

Activity Based Planing für das Entwickeln

Beginnen wir also wie folgt: Zur Praxis der User Interface Entwicklung gehören viele Aufgaben. Die meisten sind kreativ und interessant, auf die konzentrieren wir uns. Solche, die so zäh wie ein Löwensteak und so spannend wie eine Steuererklärung sind, gibt es auch, diese muss man bewältigen, sofern sie unumgänglich sind.

Es ist völlig in Ordnung, sofort mit dem Entwerfen von Dialogseiten beginnen zu wollen.

Auch beim Entwerfen eines Wohnhauses beschäftigt man sich gerne gleich mit dem Planen der Einrichtung, der Fenster, der Fassade, des Gartens usw. statt mit dem Fundament oder dem Verlauf der Heizungsrohre. Man gewinnt so eine Vision des Ganzen. Bei kleineren wie bei größeren Softwareanwendungen kann man also durchaus sofort mit dem Dialogentwurf loslegen. Aber man sollte diese Entwürfe als eine erste Visions-Tour verstehen und (vor allem bei größeren Applikationen) rechtzeitig zu einem systematischen Vorgehen übergehen.

Die **richtigen** Dialogseiten und Abläufe zu bauen, erfordert mehr, als ein paar Skizzen. Hier einige Stichpunkte zu den Aufgaben beim Entwickeln einer dialogintensiven Softwareanwendung:

- Verwendungszweck des Systems formulieren und abgrenzen – „was für eine Maschine wird gebaut?".
- Anzeige- und Bedienkonzept festlegen – „für welche Anwender und in welchem technischen Umfeld wird gebaut?"
- Anwendbarkeit des Bedienungskonzepts verifizieren

- Regeln für Dialog- und Navigationselemente bestimmen
- Plausibilitätsregeln aufstellen und verifizieren
- Anwendungsfälle und Objekte bestimmen
- Use Cases modellieren
- Funktionalität und Verarbeitungsobjekte strukturieren
- Führende Verarbeitungspfade und -objekte ermitteln
- Einzelabläufe bestimmen; Start- und Endpunkte ermitteln
- Navigationselemente festlegen
- Dialogseitenstruktur festlegen
- Interaktionen modellieren
- Testfälle modellieren
- Anwendbarkeit mit typischen Use Cases verifizieren

Das unmittelbare Dokumentieren der Applikation zugrunde liegenden Anfangsideen bezüglich der Dialogführung sichert jedoch ab, dass man beim Anwenden der Analyse-, Spezifikations-
und Implementierungstechniken und der verschiedenen Werkzeuge nicht den Verwendungszweck und den Anwender aus den
Augen verliert.

Kapitel 2:   Analysieren und Entwerfen

Eine treffende Analyse des Anwendungsbedarfs und der Anwendungsfälle entscheidet darüber, ob man eine bedarfsgerechte und passende Anwendung entwickeln wird.

Eine am Anwender und am Verwendungszweck ausgerichtete Funktionalität nebst passendem User Interface entscheidet über Verwendungstauglichkeit der Applikation.

Bild 33: Methoden ermöglichen handwerklich saubere Arbeit

Das Anwenden von Analyse- und Entwurfsmethoden sichert eine handwerklich ordentliche Applikation ab.

Das Verwenden von geeigneten **Konzeptmedien** ermöglicht die effektive und effiziente Abstimmung der Projektbeteiligten.

Entwurfsmuster (engl. Design Patterns) sind Lösungsschablonen für wiederkehrende Entwurfsprobleme In der Softwareentwicklung stellen sie wieder verwendbare Vorlagen für spezielle Problemlösungen dar, die in einem bestimmten Zusammenhang einsetzbar sind. [Wiki09dp]

Der Begriff **Best Practice** (wörtlich: bestes Verfahren, freier: Erfolgsrezept) [Wiki09bp], bezeichnet einen von Experten als nachahmenswert bewerteten Lösungsweg für eine bestimmte Aufgabenstellung. In der Regel sind damit Vorgehensweisen und Techniken gemeint, die in der Praxis im Vergleich bei ähnlichen Problemstellungen, Rahmenbedingungen und Zielvorgaben das beste Ergebnis erzielt haben.

Sowohl Lösungsschablonen alias Patterns als auch Erfolgsrezepte alias Best Practices sind schlicht Verfahrensanleitungen mit deren üblichen Vor- und Nachteilen, freilich in ansprechende und Erfolg versprechende Begriffe verpackt. Sie funktionieren genauso wenig selbsttätig wie Amulette oder Pentagramme.

Das Pentagramm gilt im Volksglauben als Bannzeichen gegen das Böse. Ein auf die Türschwelle gezeichnetes Pentagramm soll böse Geister daran hindern, sie zu überwinden.

Patterns, Best Practices und andere Beschwörungspentagramme helfen Ihnen beim Entwickeln eines User Interface faktisch nur dann weiter, wenn Sie die Anforderungen an die zu entwickelnde Anwendung bereits gut kennen und eine weitgehend gefestigte Vorstellung von der Lösung und vom Lösungsweg haben. Ferner sollten Sie auch die Handhabung der Praktik bzw. des Vorgehensmusters gut kennen. Damit meine ich in etwa, dass z.B. der Satz „man verwende am besten einen Kreuzschlitzschraubenzieher" nur dann verwertbar ist, wenn man sich sowohl auf Verwenden von Schrauben an sich versteht, als auch Kreuzschlitzschrauben dabei hat. Entwurfsmuster und Erfolgspraktiken setzen also Vorarbeit und Vorwissen sowie gegebene Rahmenbedingungen voraus.

Bevor Sie also im zweiten Schritt zu konkreten Verfahrensanleitungen greifen können, sollten Sie sich mit möglichst einfachen und pragmatischen Mitteln eine Wissensbasis hierfür schaffen. Das bedeutet kein Theoriestudium, dennoch sollte sich ein guter Praktiker einen Überblick darüber erarbeiten, welche Hilfsmittel es gibt, und wobei sie jeweils helfen können.

Auch die im Folgenden vorgestellten Methoden sind keine Evangelisierungsmittel. Sie helfen, wenn sie zur inhaltlichen Klärung der Konzepte beitragen.

Betrachten Sie diese als Werkzeugkasten, aus dem Sie fallbezogen die notwendigen Mittel wählen sollten. Verwenden Sie Analyse- und Entwurfsmethoden nur dann, wenn Sie dabei signifikante und verwertbare Ergebnisse erzielen.

Vielleicht ist der folgende unpassende Vergleich dennoch hilfreich: Vor der Besteigung diverser User Interfaces macht das Projektteam halt im Outdoor Laden und versorgt sich mit einigen Analyse- und Entwurfstechniken. Wir nehmen mit, was uns nützlich, vertraut und einigermaßen leicht erscheint. Was davon tatsächlich nützlich ist, wird sich wahrscheinlich erst unterwegs (im Verlauf des Projekts) erweisen.

Eine Tour durch den Methodenzoo

- Analysetechniken helfen beim Klären der in einer Applikation abzubildenden Inhalte und Prozesse, der zu verwenden Bedienkonzepte sowie der Technologie.

- Entwurfstechniken helfen beim Detaillieren der Lösungsansätze und beim Ausformulieren der Lösungen.

- Konzeptmedien bringen Anforderungen, Analyseergebnisse und Entwürfe in einen Zusammenhang und transportieren diese Informationen zwischen Projektbeteiligten.

- Vorgehensmodelle zeigen auf, wie man die Aufgabenteilung und die Entwicklungsphasen organisieren kann.

- Mindmaps, Use Cases und Systemgrenzendiagramme dienen zum Erfassen des Umfangs der Anwendung.

- Anwendermodelle, User Stories, Interviews und Validierungstestfälle zielen auf die Ermittlung von Verwendungsszenarien und Abnahmekriterien ab.

- Screenskizzen, Layouts und Storyboards visualisieren Anwendungssituationen, Anwendungsfälle sowie Bedienungs- und Ablaufkonzepte.

- Mit Datenflussmodellen, Klassendiagrammen, Ablaufstrukturbäumen, Workflow- und Aktivitätsdiagrammen wird die Informationsarchitektur ermittelt, die durch das User Interface verwaltet wird.

- Dialogdiagramme helfen dabei, die Inhalte, das Layout und die Interaktionen innerhalb von einzelnen Dialogseiten im Detail zu entwerfen.

- Robustheits- und Nutzungsarchitekturdiagramme zeigen Zusammenhänge und Zusammenwirkung der Model-, View- und Controlleranteile der Anwendung.

- Funktionale Spezifikationen fassen die Anforderungen an Funktionalität, Inhalte, Abläufe, Interaktionen und Kontextbezug zusammen.

- Ein Styleguide bzw. ein Anzeige- und Bedienkonzept fasst die Anforderungen an Anzeige und Bedienung zusammen und stellt Regeln zu deren Umsetzung auf.

- Domänenspezifische (formale) Sprachen (DSLs) ermöglichen die Formulierung der funktionalen Spezifikation und des Styleguide als integriertes (eindeutiges und ggf. algorithmisch auswertbares) Modell.

- Prototypen machen ausgewählte Aspekte der funktionalen Spezifikation und des Anzeige- und Bedienkonzepts sowie der technischen Umsetzung erlebbar.

- Ticketingsysteme, Bug- und Issue Tracker ermöglichen die Dokumentation und Verfolgung von Änderungsanforderungen.

- Iterationen helfen, die Komplexität des zu entwickelnden Systems in den Griff zu kriegen. User-Model basiertes Vorgehen und XP (extreme Programming) bzw. Scrum sind hilfreich, wenn eine schrittweise Annäherung an die Bedürfnisse des Anwenders erforderlich ist.

- RUP und V-Model liefern Vorgehensmodelle für den Entwicklungsprozess großer Systeme.

- CMMI bietet eine Sammlung von Checklisten mit Praktiken und Zielen zur Absicherung des Entwicklungsprozesses.

Dieses Kapitel stellt die folgenden Methoden zum Analysieren und zum Entwerfen von User Interfaces vor. Konzeptmedien und Vorgehensmodelle werden in späteren Kapiteln behandelt.

Analysetechniken:
- Mindmaps
- Use Case Diagramme
- Systemgrenzendiagramme
- Anwendermodelle
- Anforderungs-Interviews
- Validierungstestfälle

Entwurfstechniken:
- Screenskizzen
- Storyboards
- Klassendiagramme / Informationsmodelle
- Content Collecting
- Ablaufstrukturbäume
- Workflowdiagramme
- Activity Diagramm / Objektfluss
- Dialogdiagramm / Content Arrangement
- Nutzungsarchitekturmodelle

Konzeptmedien:
- Funktionale Spezifikation
- UI Style Guide (Anzeige- und Bedienregeln)
- DSL / Lucia Skript
- Prototypen
- Issues, Tickets, Bugs und CRs im Trackingsystem

Vorgehensmodelle:
- UI Iterationen / Waschgänge [Chle06]
- User Model Based Development [Spol01]
- Extreme Programming / Scrum
- CMMI

Tools im Web:

- Mindmaps
  http://www.xmind.net
  http://freemind.sourceforge.net/wiki/index.php/Download

- Spezifikationsdokumente, Präsentationen, Tabellen
  http://www.openoffice.org/
  http://office.microsoft.com/de-de/
  http://www-01.ibm.com/software/de/rational/

- UML Diagramme
  http://www.magicdraw.com/
  http://www.sparxsystems.com/
  http://www.yworks.com/en/products_yed_about.html
  http://visiotoolbox.com/

- Prototyping
  http://www.adobe.com/de/products/photoshop/
  http://qt.nokia.com/
  http://boa-constructor.sourceforge.net/
  http://www.eospp.de/dossier/luciagen.html

- Issue-, Bug-, und CR-Tracking
  http://roundup.sourceforge.net/
  http://www.atlassian.com/software/jira/
  http://www.polarion.com/

- Geschäftsprozesse / Wissensmanagement
  http://www.iam-wiki.org/EPK
  http://www.enzyklopaedie-der-wirtschaftsinformatik.de/
      wi-enzyklopaedie/lexikon/datenwissen/
      Wissensmanagement/Wissensmodellierung/
      Modellierungsmethoden
  http://www.k-modeler.de

Jede Methode und jedes Werkzeug sind in Ordnung, wenn sie in der gegebenen Projektsituation gute Ergebnisse liefern. Ziel ist Umsetzen der Anforderungen des Produkt-Owners, nicht das Verwenden einer bestimmten Methodik oder die Vorgehensweise an sich (es sei denn, dass dies selbst eine (nichtfunktionale) Anforderung ist).

Funktionale Anforderungen an das Produkt müssen objektiviert werden, damit sie im Einvernehmen zwischen dem Projektkunden und dem Entwicklerteam umsetzbar sind. Dazu müssen Anforderungen mit einer funktionalen Spezifikation und klaren Kriterien für Test und Abnahme konkretisiert werden. Aus dieser Notwendigkeit heraus folgt das Verwenden von Methoden, Formalismen und Metriken.

Methoden und Werkzeuge, die mit ideologischen Argumenten begründet werden (z.B. „funktioniert bestens, aber nur, wenn jeder mitmacht") oder eine eigene Ontologie für konventionelle

Dinge aufstellen (z.B. „Burndown Chart" statt „Restaufwandüber-
sicht") kann man berechtigt der prüfenden Frage unterziehen,
wie gut sie „außerhalb der Aquariums" bzw. „draußen in der
Bergwand" funktionieren.

2.1   Mindmaps

Eine Mindmap ist eine Gedankenkarte, mit deren Hilfe Schlüs-
selwörter, Tätigkeiten, Eigenschaften und weitere Assoziationen,
die zu einem Thema gehören, effektiv beschrieben werden können [Buza99]. Das Ergebnis ist eine erweiterbare Struktur einer
Aufgabe und ggf. der dazugehörigen Anforderungen, Annahmen
sowie Rahmenbedingungen.

Beispiel:

Bild 34: Eine Mindmap

Zunächst schreibt man in die Mitte des Blattes das untersuchte
Thema hin. Dann schreibt man die Schlüsselbegriffe auf. Das
sind die Gliederungspunkte des Themas. Sie werden Hauptäste
genannt. An die Hauptäste werden Unterbegriffe angehängt. Es
können Tätigkeiten, Eigenschaften, Restriktionen, Anforderungen, oder zu erzielende Ergebnisse sein.

So erarbeiten Sie eine Baumstruktur, die nach Schwerpunkten
sortiert ist. Nun können Sie das Gerüst verfeinern, indem Sie die
Punkte ausgestalten. Sie können z.B. die kritischen Punkte farblich hervorheben, oder Themen mit Bildern verdeutlichen. Anschließend können Sie die Themen anhand von Assoziationen,
die Ihnen beim Ausgestalten sicher einfallen, weiter aufgliedern
und verfeinern.

Beim Entwickeln eines User Interface kann eine Mindmap helfen, sich zunächst **in den Features der Applikation zurechtzufin-
den** und anschließend den **Überblick über den Umfang der Applikation zu behalten**, indem neu auftretende Aspekte fortlaufend
in das Gesamtbild eingefügt werden. Ebenso kann eine Mindmap einen ersten Überblick über die Anforderungen und Rahmenbedingungen sowie zu klärenden Aspekte des Themas liefern.

Zum Beispiel könnte Ihnen eine Anfrage über eine Applikation zur Kundenverwaltung (wenn sie den Namen schicker finden, können Sie auch „Customer Relationship Management System" dazu sagen) vorliegen, die so lautet:

Beispiel: CRMS bzw. Kundenverwaltung

„Benötigt wird eine Browserapplikation, die das Verwalten von Kunden, Interessenten, Kontakten und deren Aufträge ermöglicht. Es soll möglich sein, Aufträge und weitere Vorgänge zu verwalten und deren Status zu verfolgen"

Anfrage des potentiellen Auftraggebers

Man könnte das Thema folgendermaßen mindmappen.

Bild 35: Erste Mindmap der Kundenverwaltung

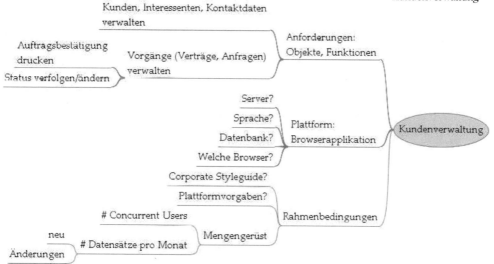

Anfangs können durchaus parallel mehrere Mindmaps der Applikation erstellt werden, die das Thema aus unterschiedlichen Perspektiven oder auch mit unterschiedlichen Strukturierungsansätzen angehen. Wichtig ist aber, dass man diese Sichten anschließend **integriert**, damit ein gemeinsames mentales Modell entsteht.

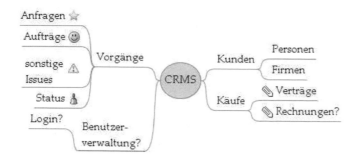

Bild 36: Zweite Mindmap der Kundenverwaltung

Eine lebende **Mindmap der Applikation** kann im Projekt als „Landkarte" dienen und Grundlage für Planung, Kommunikation, Analyse und Designentscheidungen sein.

Integration von Fragen und Antworten

Der Vorteil von Mindmaps ist, dass man hierin neben den bereits bekannten Informationen auch offene Fragen und Alternativen unterbringen kann. Man kann so auf einen Blick erkennen, bei welchen Themen Klärungsbedarf vorliegt.

2.2   Screenskizzen

Screenskizzen können in Anforderungs-Interviews, beim Mindmapping, beim Aufstellen der Use Cases oder spontan beim Essen einer Currywurst mit Pommes entstehen. Sie zeigen das gedankliche Modell, das wir zu diesem Zeitpunkt von der Handhabung und vom Inhalt einer entstehenden Software-Applikation haben.

Das wichtigste ist: Fließen lassen, also nur das konkretisieren, worauf es ankommt, und Unwichtiges bzw. Unbestimmtes schemenhaft lassen. Eine Skizze läuft stets Gefahr, wie ein vollständiger Entwurf betrachtet zu werden. Deshalb: Kennzeichnen Sie Skizzen unbedingt als Skizzen, lassen Sie die Bereiche des Screens, die nicht die Idee selbst, sondern die Kulisse darstellen, hinter einer Abtönblende oder ganz weg.

Beispiel:

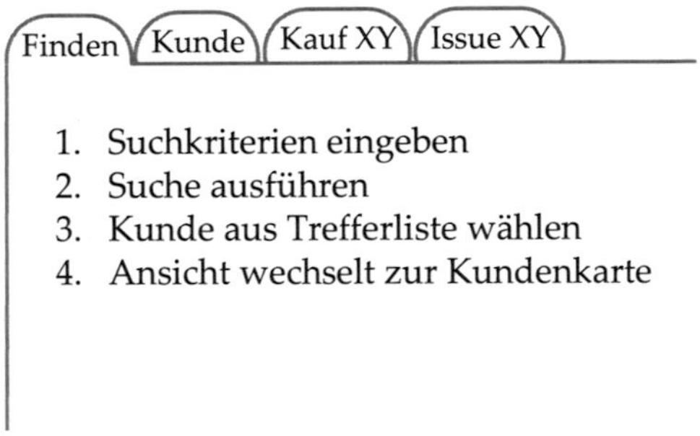

Bild 37:
Screenskizze zur
Kundenverwaltung

| Finden | Kunde | Kauf XY | Issue XY |

1. Suchkriterien eingeben
2. Suche ausführen
3. Kunde aus Trefferliste wählen
4. Ansicht wechselt zur Kundenkarte

Die oben skizzierte Applikation könnte beispielsweise mit vier Registerkarten arbeiten: Auf der Registerkarte „Finden", die zugleich die Startseite der Applikation ist, kann man Kunden, Aufträge und Vorgänge suchen. Man gibt die Suchkriterien ein und bekommt die Liste der Kunden. Dann wählt man einen aus der Liste aus und ist auf der Kundenkarte, wo man die Liste seiner Käufe und die Liste seiner Issues sieht. Wählt man den Kauf XY aus der Liste der Käufe aus, dann öffnet sich eine Registerkarte, die die Informationen zu diesem Kauf zeigt, z.B. die Auftragsbestätigung, die Rechnung und die Issues dazu. Wählt man das Issue XY aus der Liste der Issues aus, wird entsprechend die passende Registerkarte mit den Details zu diesem Issue geöffnet. Wenn man will, geht man zurück zur Registerkarte „Finden" und wählt einen anderen Kunden aus.

Beachte: Eine Skizze zeigt eine Idee, nämlich wie man sich die Dialogseite vorstellt. In der Regel fokussiert die Skizze bestimmte Aspekte der Dialogseite, stellt aber nicht im Detail alle Eingabe-, Bedien- und Ausgabeelemente und deren Eigenschaften.

Bild 38:
Screenskizze einer
Konfigurationsliste

Die oben skizzierte Dialogseite soll dazu dienen verschiedene Kombinationen aus Sprache, Fahrzeug und Datenquelle zu formulieren und diese Auswahl in einer Liste zu speichern. Dabei soll es möglich sein, typische Teillisten wie „Fahrzeug xy mit Datenquelle abc in allen Sprachen" zu formulieren.

Vorteil von Screenskizzen: Sie zeigen die der Applikation zugrunde liegenden Ideen in früher und daher meist in einfacher und reiner Form. Durch die fortschreitende Analyse wird das Bild der Applikation quasi automatisch komplexer. Das „Erden" der in späteren Entwicklungsphasen gemachten UI Entwürfe ermöglicht eine Kursprüfung wie im bekannten Baumschaukelbild: Das hatten wir ursprünglich gewollt - so haben wir es konzeptioniert - so konstruiert - passt das nach wie vor zusammen?

Screenskizzen helfen in der frühen Phase, Grundideen zu kommunizieren. Später helfen dieselben Skizzen zu prüfen, ob die Ideen überlebt haben.

2.3   Storyboards

Ein Storyboard ist eine Bilderfolge zur Visualisierung eines Konzeptes oder einer Idee. Storyboards werden eingesetzt, wenn komplexe Sachverhalte, Abfolgen oder Zusammenhänge aus einer bestimmten Sichtweise als Sequenz von Momentaufnahmen veranschaulicht werden sollen.

Im Design von Benutzeroberflächen hat sich das Storyboarding als ein Hilfsmittel zur frühen Veranschaulichung der Zusammenhänge etabliert. Durch ein Storyboard kann allen Beteiligten eines Projektes, das sind unter anderem Projektmanager und Entwickler, aber vor allem Anwendervertreter, die sich meist schwer in der abstrakten Struktur der Konzepte und Modelle zurechtfinden, ein einfacher Überblick über die zu erstellende Anwendung und deren Funktionen gegeben werden.

Storyboards helfen beim Entwickeln eines User Interface, sich einen erlebbaren Eindruck des Geschehens beim Verwenden der Applikation zu verschaffen. Sie helfen auch dabei, ein gemeinsames Verständnis für das, worauf es in der Applikation ankommt, herzustellen.

Üblicherweise entspricht ein Bild des Storyboards einem Ablaufschritt, oft auch einem Screen der Applikation. Ein Storyboard beinhaltet typischerweise keine Angaben zum Layout der Screens oder zur technischen Umsetzung des User Interface.

Beispiel:

Bild 39:
Storyboard der
Kundenverwaltung

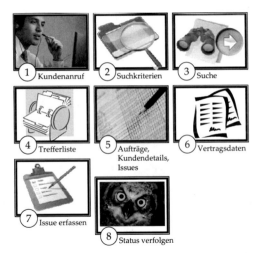

1: Das CRMS kommt zum Einsatz, wenn der Kunde z.B. in der Serviceabteilung seines Lieferanten anruft und eine bestimmte Angelegenheit erledigt haben will oder eine Frage hat. 2: Der Kundenbetreuer verwendet das CRMS, um schnell weitere Informationen über den Kontext des Anrufs abzurufen. Er gibt dazu Suchbegriffe, z.B. den Kundennamen oder das Schlagwort des Themas, um das es geht, in die Suchmaske ein. 3: Die Applikation sucht passende Kundendatensätze, Aufträge und Vorgänge zu den Suchbegriffen. 4: Das Ergebnis der Suche wird in einer Trefferliste dargestellt, aus der der Kundenbetreuer den Eintrag wählt, der relevant ist. 5: Der Kundenbetreuer kann die Kundendaten, die Aufträge und Issues des Kunden einsehen. 6. Der Kundenbetreuer kann die Verträge einsehen, um die vereinbarten Serviceleistungen zu überprüfen. 7: Der Kundenbetreuer erfasst eine Gesprächsnotiz, z.B. einen Serviceauftrag. 8: Der Fortschritt und Erledigungsstatus des Issues kann überprüft werden, z.B. um den Kunden zu informieren oder um nachzuhaken, wer sich wann und wie darum kümmert.

Die einzelnen Screens eines UI Design Storyboards müssen, im weitesten Sinne analog zum Storyboard bei Film, zeigen (1) in welchem Teil der Anwendung sich der User befindet (wo spielt sich die Szene), (2) wer etwas tun muss - die Anwendung oder der User, (3) was für eine Eingabe oder Aktion erwartet wird - von der Anwendung oder vom User (wie verläuft die Handlung) und (4) was nach erfolgter Eingabe passiert bzw. welcher Screen der Nächste ist (was ist das Ergebnis dieser Szene).

Ursprünglich wurden Storyboards zur Visualisierung von Drehbüchern und zur Planung einzelner Filmszenen mittels skizzenhafter Darstellungen eingesetzt. Die Erfindung und Verwendung von Storyboards geht auf die Disney-Studios zurück. In Aufbau und Stil ist das Storyboard verwandt mit dem Comic. [WP11sb]

Je komplexer der zu präsentierende Inhalt, desto entscheidender wird eine einfache und nachvollziehbare Struktur der Argumentation. Der Storyboard-Ansatz ist eine Methode, um komplexe Themen in nachvollziehbare Bildsequenzen umzusetzen.

Vorteil von Storyboards ist, dass damit die Abläufe der Anwendung evaluiert werden können. Hierbei übernimmt eine Person den Part der Anwendung und eine weitere Person ist der User. Die "Anwendung" darf dem "User" keine Rückfragen beantworten, sondern sie reagiert immer nur auf die Aktionen, die der User ausführt.

Ein so evaluiertes Storyboard kann bereits in der Analysephase Prozessbrüche sowie fehlende und überflüssige Ablaufschritte aufzeigen.

Powerpoint und Word eignen sich gut zum Erstellen von Storyboards für Software. Auch Papier und Bleistift sind ein gutes Medium; sie helfen den Fokus auf der Story zu behalten. Spezielle Storyboarding-Systeme sind eher für Filmemacher als für Softwareentwickler gedacht.

2.4 Anwendermodelle

Anwendermodelle beschreiben Profile von Personen, die eine Applikation verwenden. Zu einem Anwenderprofil gehören alle Annahmen, die bezüglich der Ziele, Aufgaben und Verhalten der verschiedenen Anwenderrollen aus Sicht der Entwickler getroffen werden.

Anwendermodell =
>Anwendereigenschaften
>+ Anwenderkontext
>+ seine Tätigkeiten
>+ wie er dabei vorgeht (Szenarien)

Bei der User Interface Entwicklung ermöglichen die Anwendermodelle, das Konzept der Applikation auf Übereinstimmung mit dem Bild abzugleichen, das sich das Entwicklerteam davon macht, wie der Anwender mit der Applikation arbeitet. Insbesondere lassen sich die im Anwendermodell enthaltenen Aufgabenszenarien darauf prüfen, inwieweit sie mit dem User Interface (rollenspezifisch) umsetzen lassen.

Beispiel:

Rolle	Kundenbetreuer
Ziele	Effizientes Erledigen der von Kunden hervorgebrachten Angelegenheiten
Aufgaben	Beim Kundenkontakt wissen, was bisher gelaufen ist
	Auskunft über den Status von Vorgängen geben
	Verwalten von Kunden, Interessenten, Kontakten und deren Aufträge
	Statusverfolgung von Issues
Szenarien	Kunde ruft an und will wissen, was mit seiner Bestellung oder Anfrage ist
	Kundenbetreuer möchte die noch nicht erledigten Supportanfragen seiner Kunden wissen, um diese abzuarbeiten
	Kundenbetreuer geht in Urlaub und möchte seine offenen Themen an einen Kollegen delegieren

Die Tabelle zeigt in strukturierter Form die Eigenschaften des imaginären Anwenders bzw. der Anwenderrolle auf.

„Rolle": Bezeichnung des Anwenderprofils

„Ziele": Was der Anwender mit der Applikation erreichen will.

„Aufgaben": Tätigkeiten, die mit der Applikation erledigt werden.

„Szenarien": Situationen, mit denen der Anwender typischerweise konfrontiert wird und deren Handling von der Applikation abgedeckt sein soll.

Eine User Story („Benutzergeschichte") ist eine in Alltagssprache formulierte Software-Anforderung. Eine User Story beschreibt eine konkrete Funktionalität aus Sicht des Anwenders. Eine User-Story folgt dem Muster „Als x kann ich y tun, um z zu erreichen.", z.B. „Als Assistentin kann ich einem Patienten einen Termin geben.", „Als Assistentin kann ich einem Patienten eine Verschreibung ausdrucken."

Vorteil der Anwendermodelle: Sie helfen, **versteckte Anwendungsfälle und implizite Anforderungen** aufzudecken. Nachteil: Anwendermodelle liefern Erlebnisszenarien, die funktionalen Anforderungen müssen daraus erst abgeleitet werden.

2.5   Anforderungs-Interviews

Anforderungs-Interviews geben die Vorstellungen der Stakeholder wieder. Mit gezielten Fragen lassen sich dabei die Erwartungen an den Funktionsumfang, aber auch Widersprüche und verdeckte Ziele der Stakeholder ermitteln.

Beim Entwickeln eines User Interface helfen diese Vorstellungswelten, den Kontext der Anwendung zu verstehen und diesen beim Strukturieren der Inhalte, beim Wording und beim Anzeige- und Bedienkonzept zu verstehen.

Beispiel für einen Fragenkatalog:

Was nützt Ihnen persönlich die neue Applikation?
Was nützt die neuen Applikation dem Unternehmen?
Welche Informationen werden aus Ihrer Sicht mit der Applikation hauptsächlich bearbeitet?
Welche Ergebnisse (z.B. Ausdrucke, Listen, Reports, Vorgänge) liefert aus Ihrer Sicht die Applikation?
Welche Features aus dem Altsystem müssen unbedingt erhalten bleiben?
Welche Probleme könnten beim Einführen des neuen Systems auftreten?
Was ist aus Ihrer Sicht das wichtigste Szenario, bei dem die Applikation die Anwender unterstützen soll?
Wie stellen Sie sich das Benutzen der neuen Applikation vor?

Fragen an Stakeholder einer einzuführenden Applikation

In einem Unternehmen gibt sicher Personen, die voll und ganz hinter der neuen Applikation stehen, und andere, die das alte System beibehalten wollen sowie verschiedene Pro-und-Kontra Abstufungen im Mittelfeld. Interviews helfen, diese Spannungsfelder zu erkennen und zu berücksichtigen. Eine gute Wortwahl beim Betiteln der Dialogseiten kann eine große Rolle bei der Konsensfähigkeit eines User Interface Entwurfs spielen.

Anforderungs-Interviews **liefern eher Visionen, als konkrete Use Cases oder Anwendermodelle.** Ihr Vorteil ist aber, dass sie aufzeigen, was den einzelnen Stakeholdern wichtig ist und welche subjektiven Kriterien in die Bewertung der Applikation einfließen werden. Die Ergebnisse der Anforderungs-Interviews können als „Wetterinformationen" zur Vermeidung von Risiken, zur Klärung von Zielkonflikten und zum Umschiffen von gestalterischen Fettnäpfen im User Interface verwendet werden.

Interviews zeigen auf, was Stakeholdern wichtig ist

Zum Beispiel sollten in einer Sparkassenapplikation die Buttons rot sein, auch wenn dies aus ergonomischer Sicht nicht das Beste ist. Das Icon für die Finanzwirtschaftliche Analyse sollte aber nicht mit „FiWi anal." beschriftet werden, auch wenn ein VIP Stakeholder das für eine treffende Abkürzung hält.

Anforderungs-Interviews haben Ähnlichkeit mit dem aktivitäts-orientierten Planen. Allerdings konzentriert sich dieses auf die tatsächlichen Anwender der Applikation, während Anforderungs-Interviews eher auf die Personen eingeht, welche den Einsatz der Applikation entscheiden und beauftragen.

Think negative: Wie müssen wir entwickeln, damit die Anwen-dung nicht für den Anwendungszweck taugt, für den sie konstru-iert wurde?

Aktivitätsorientiertes Planen richtet sich danach, wie Anwender ihre Wünsche äußern. Sie setzen sich Ziele wie "Meine Patien-tenakte muss vertraulich bleiben" oder "Ich will sichergehen, dass die Person/Firma, mit der ich gerade rede, auch die ist, die sie vorgibt zu sein". Niemand denkt "Ich will ein X.509v3-Zertifikat zusammen mit Triple-DES-Verschlüsselung verwenden, um meinen Kommunikationskanal abzusichern". [Linu06]

Die Schlüsseleinsicht ist herauszufinden, welche Aktivitäten der Anwender macht (und welche Ziele diese Aktivitäten haben). Das Ergebnis ist eine Liste der Aktivitäten, die der Anwender tun könnte. Das Design fokussiert darauf, diese Aktivitäten mittels der Applikation einfach durchführbar zu machen. [Spol01]

2.6   Validierungs-Testfälle

Applikationen werden getestet, um die Funktionalität der Soft-ware an den Anforderungen und ihre Qualität zu messen, und Softwarefehler zu ermitteln.

Ein Testfall (engl. Test Case) beschreibt einen funktionalen Soft-waretest, der der Überprüfung einer zugesicherten Eigenschaft des Testobjekts dient.

Testfälle lassen sich in Positiv-Testfälle und Negativ-Testfälle unterteilen: In Positiv-Tests wird das Verhalten des Testobjekts in Folge gültiger Vorbedingungen und Eingaben überprüft. In Ne-gativ-Tests (auch Robustheitstest genannt) wird das Verhalten des Testobjekts in Folge ungültiger Vorbedingungen und/oder Eingaben überprüft.

Validierungs-Testfälle konkretisieren Anwendungsfälle, Story-boards, bzw. die Frage „Wie stellen Sie sich das Benutzen der neuen Applikation vor?". Sie ergänzen diese um Prüfkriterien, anhand welcher das erfolgreiche Durchführen der einzelnen Anwendungsfälle nachgewiesen werden soll.

Mit **Validierung** ist in der Softwareentwicklung die dokumentierte Beweisführung gemeint, dass eine Applikation die Anforderungen in der Praxis erfüllt.

Die **Verifikation** (von lat. veritas „Wahrheit" bzw. Korrektheitsnachweis), ist nicht mit Validierung gleichzusetzen. Ein Programm ist korrekt, wenn es der Spezifikation genügt. Korrektheit lässt aber nicht darauf schließen, ob die Spezifikation die vom Programm zu lösende Aufgabe richtig beschreibt, also valide ist.

* Validierung prüft, ob man "das Richtige" entwickelt hat.
* Verifikation prüft, ob man richtig implementiert hat.

Beim Entwickeln von User Interfaces können Validierungs-Testfälle helfen, die Richtigkeit der vom Programm zu lösenden Aufgaben abzusichern.

Beispiel für einen Validierungs-Testfall:

Ausgangs-situation	Die Firma Napf'O'Mat stellt in den Betriebsräumen ihrer Kunden Getränke- und Snackautomaten auf und betreibt diese. Manchmal gibt es mit den Automaten Probleme.
Szenario	Herr Hillebrand vom Facility Management der Firma Eos ruft beim Kundenbetreuer Markus an und beschwert sich über den zum dritten Mal in Folge defekten Kaffeeautomaten.
Arbeitsschritte	1. Im CRMS die Firma Eos finden. 2. Bisherige Vorfälle einsehen 3. Service-Level im Vertrag nachschlagen 4. Neuen Vorgang und Auftrag an Techniker erfassen 5. Status verfolgen 6. Kunde zurückrufen und Erledigung bestätigen.
Erwartetes Ergebnis	Das Problem ist als Auftrag im CRMS aufgenommen und an einen Techniker zur Bearbeitung weitergegeben. Kundenbetreuer bekommt Rückmeldung über Bearbeitungsstand und Erledigung des Wartungsauftrags.
Prüfkriterien	Kundenbetreuer muss im CRMS auf einen Blick sehen, dass dies der dritte Vorfall in Folge ist
	Kundenbetreuer muss den Vertrag mit Eos einsehen können, wo die Behebung von Defekten binnen zwei Stunden vereinbart ist, welche Herr Hillebrand einfordert.

Ein Testplan (auch Testhandbuch) beschreibt Umfang, Vorgehensweise, Terminplan, Testgegenstände. Die Testspezifikation beschreibt die im Testplan genannten Vorgehensweisen im Detail.

Eine Testfallspezifikation beschreibt die Umgebungsbedingungen, Eingaben und Ausgaben eines Testfalls. Testablaufspezifika-

tionen beschreiben in Einzelschritten, wie jeder Testfall durchzuführen ist.

Ein Testbereitstellungsbericht protokolliert, wann welche Testgegenstände an welche Tester übergeben wurden.

Ein Testprotokoll listet chronologisch alle relevanten Vorgänge
bei der Testdurchführung. Ein Testvorfallbericht listet alle Ereignisse, die eine weitere Untersuchung erforderlich machen. Der
Testergebnisbericht beschreibt und bewertet die Ergebnisse eines
Tests.

Validierungs-Testfälle haben den Vorteil, dass sie zugleich auch
die Abnahmekriterien und Erwartungen an die Erfolgsfaktoren
der Applikation aufstellen. Sind diese erfüllt, dann ist es auch
wahrscheinlich, dass die Applikation mit Erfolg eingesetzt wird.

2.7   Use Case Diagramme

Anwendungsfälle (engl. use cases) (in Form von UML Use Case
Diagrammen oder oft auch in Form von strukturierten Textbe-
schreibungen) zeigen, welche Funktionalitäten aus Benutzersicht
mit dem Anwendungssystem ausgeführt werden und wie diese
Funktionalitäten ggf. zueinander in Beziehung stehen.

Im Hinblick auf ein User Interface kann ein Use Case Diagramm
helfen, zu klären, **wer was mit der Applikation tut**, und wie diese
Tätigkeiten untereinander zusammenhängen.

Zunächst zeichnet man am Blattrand ein oder mehrere Strich-
männchen hin und beschriftet diese mir Anwenderrollen. Man
kann dabei mit der Generalisierungsassoziation mehrere Spezial-
rollen zu einer Generalrolle zusammenfassen.

Dann schreibt man die Tätigkeiten der Anwenderrollen in Ellip-
sen, so dass Haupttätigkeiten in der Mitte und die Nebentätigkei-
ten um sie herum stehen. Anschließend ordnet man die Tätigkeiten untereinander: Eine mit „include" beschriftete gestrichelte
Beziehungslinie bedeutet, dass eine Tätigkeit die andere beinhaltet. Eine mit „extend" beschriftete gestrichelte Beziehungslinie
bedeutet, dass eine Tätigkeit eine (mögliche) Erweiterung der
anderen ist. Ein Pfeil mit einem leeren Dreieck als Spitze bedeutet, dass die Rolle, oder die Tätigkeit, zu der der Pfeil zeigt, eine
Verallgemeinerung („Generalisierung") der anderen ist.

Mit Use Case Diagrammen kann man Tätigkeiten innerhalb und
außerhalb der Applikation und ihre Zusammenhänge untersuchen. Ihr Vorteil ist, dass sie die Vollständigkeit der Anwendungsfälle fördern und Lücken in den Anforderungen sichtbar
machen.

Beispiel 1:

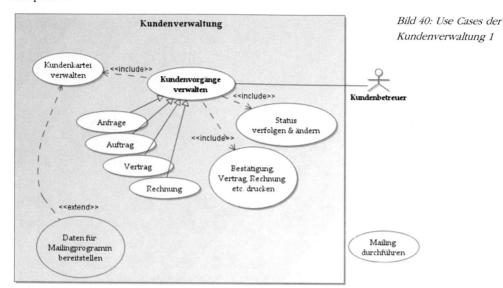

Das mit „Kundenverwaltung" beschriftete Rechteck, das die Tätigkeiten umspannt, nennt man Systemgrenze (Boundary). Man
kann damit Anwendungsfälle in Teilsystemen bzw. Modulen
(„Schubladen", „Kisten") gruppieren.

Anwendungsfälle, die außerhalb von Boundaries stehen, zeigen,
welche Tätigkeiten zwar im Kontext der Anwendung stehen,
aber nicht innerhalb der Applikation umgesetzt werden sollen.
Typischerweise stehen Akteure außerhalb der Boundaries, weil
sie nicht Teil der Applikation sind, sondern diese „von außen"
verwenden.

Im Bild sind „Anfrage", „Auftrag" usw. Spezialisierungen der
Tätigkeit „Kundenvorgänge verwalten". Das Verwalten von Kun-
denvorgängen beinhaltet (bzw. setzt voraus), dass man eine
Kundenkartei verwaltet, den Status verfolgen und verschiedene
Schriftstücke drucken kann. Das Bereitstellen von Daten für ein
Mailing ist eine Erweiterung der Kundenkarteiverwaltung, das
Durchführen des Mailings selbst gehört nicht zur Applikation.

Beispiel 2:

Das zweite Use Case Diagramm zeigt die nächste Detaillierungs-
ebene des Anwendungsfalls „Kundenkartei verwalten".

Im Bild gliedert sich das Verwalten der Kundenkartei in das Anlegen, Sichten, Pflegen und Entfernen von Kundeneinträgen. Um
einen Kundeneintrag zu sichten, muss man ihn aus der Kundenliste auswählen. Durch das Angeben von Such-/Filterkriterien
kann der Umfang der Kundenliste reduziert werden.

Das Übergeben von Daten an Drittsysteme (damit ist auch Drucken und Kopieren in die Zwischenablage gemeint) ist eine Erweiterungsfunktion zum Hauptnutzfall. Sie setzt ebenfalls das Auswählen von Kundendatensätzen voraus.

Bild 41: Use Cases der Kundenverwaltung 2

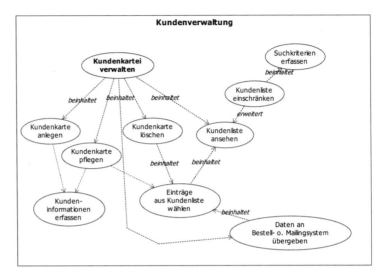

Wenn in der Anfangsphase eines Projekts viele Use Case Diagramme mit unterschiedlichen Sichten und Schwerpunkten von verschiedenen Projektbeteiligten erstellt werden, ist dies zunächst nützlich, weil es den Umfang der Anwendung und die in der Applikation zu beachtenden Tätigkeiten und Rollen ausleuchtet.

Anschließend sollten die Diagramme aber unbedingt auf Widersprüche geprüft und aufeinander abgeglichen werden.

2.8   Systemgrenzendiagramme

Systemgrenzendiagramme [Chle06] zeigen, welche Eingangsgrößen eine Anwendung verarbeitet und welche Resultate (bei Bedarf inklusive der Zwischenergebnisse) sie liefert. Damit wird ersichtlich, welche Informationen von außen in das System hineingetragen werden müssen, in welche Informationen sie intern umgeformt werden sowie welche das Endergebnisse aus dem System nach außen (zum Anwender oder zu anderen Systemen) geliefert werden.

Ein Systemgrenzendiagramm ist mit der Skizze einer Produktionsstraße vergleichbar: es zeigt, welche „Rohstoffe" an die Anwendung „zugeliefert" werden, welche „Endprodukte" die Anwendung „liefert", und wie der „Produktionsprozess" anwendungsintern strukturiert ist.

Das Systemgrenzendiagramm unterstützt dabei, zu bestimmen, welche Daten und Funktionen zur Anwendung gehören, welche an ihren Schnittstellen liegen und welche nicht dazu gehören („Abgrenzung"). Bei User Interfaces sind Systemgrenzendiagramme hilfreich beim **Abstecken des User Interface Umfangs**.

Beispiel:

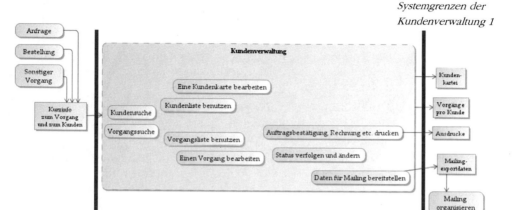

Bild 42:
Systemgrenzen der
Kundenverwaltung 1

Das zweite Systemgrenzen Diagramm zeigt eine weitere Sicht darauf, was zum Kundeninformationssystem gehört und was nicht.

Bild 43:
Systemgrenzen der
Kundenverwaltung 2

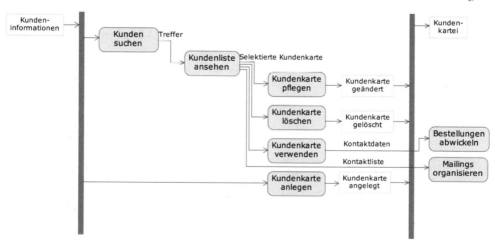

Die dicken senkrechten Balken kennzeichnen die Systemgrenzen. Das was innerhalb der beiden Balken liegt, gehört zur Applikation. Die abgerundeten Rechtecke bezeichnen Tätigkeiten. Die Rechtecke mit scharfen Ecken sind Datenobjekte. Eine Kante zwischen zwei Tätigkeiten mit Datenobjekt dazwischen bezeichnet also den Datenfluss von Tätigkeit zu Tätigkeit.

Eine von einem Datenobjekt in die Tätigkeit zeigende Kante bezeichnet die Eingangsdaten der Tätigkeit. Eine aus der Tätigkeit heraus zu einem Datenobjekt zeigende Kante bezeichnet das Ergebnis der Tätigkeit.

Im Bild sind die „Kundeninformationen" der Rohstoff, und die „Kundenkartei" das Ausgangsprodukt der Softwareanwendung.

Die Anwendung besteht aus den innerhalb der Systemgrenzen liegenden Funktionen „Kunden suchen", „Kundenliste ansehen", „Kundenkarte pflegen", „löschen", „verwenden" und „anlegen".

Die Funktionen „Bestellungen abwickeln" und „Mailings organisieren" verwenden die Kundenkartei, liegen aber selbst außerhalb der Anwendung.

An der Schnittstelle zu Drittanwendungen stellt die Kundenkartei die Entitäten „Kontaktdaten" (eine einzelne Kundenkarte) und „Kontaktliste" (1..n Kundenkarten) zur Verfügung.

In der Kundenverwaltung entstehen aus Eingangsinformationen die Kundenkartei, die Vorgangslisten und die Druckdokumente.

Der Vorteil von Systemgrenzendiagrammen ist, dass Sie aufzeigen, was die Anwendung als **Eingangsdaten** erwartet, was Sie daraus macht (**Ergebnisse**) und welche **Anwenderaktivitäten** zwischen diesen beiden Enden dieses Verarbeitungsprozesses liegen. Systemgrenzendiagramme können als Vorbereitung und Grundlage für Workflow- und Klassenmodelle verwendet werden.

Wie schon bei den Use Cases Sicht gilt: Mehrere Sichten sind gut. Sie zeigen die Varianz, die Möglichkeiten und den Klärungsbedarf. Sie müssen aber zu einer Sicht integriert werden, bevor sie als Grundlage für weitere Entwurfsschritte freigegeben werden.

2.9   Klassenmodelle

Zum Verständnis der Anwendungsfälle ist es oft unabdingbar, zu wissen, mit welchen Informationsobjekten (oft auch als „Fachklassen" bezeichnet) **der Anwender** arbeitet und in welchen Beziehung und Multiplizität diese Objekte zueinander in Beziehung stehen.

(Informations-)klassenmodelle zeigen, wie das Informationsgefüge, das zur Abwicklung des Anwendungsfalls verwendet wird, aufgebaut ist und in diese Informationen miteinander zusammenhängen.

Bei der Entwicklung eines User Interface hilft dies, die Multiplizi-tätsbeziehungen von Daten zu verstehen, und damit frühzeitig den Bedarf zu erkennen, im User Interface eins-zu-n bzw. n-zu-m Beziehungen abzubilden. Bei der UI Entwicklung geht es um die aus Anwendersicht gefühlten/erfahrenen Informationsobjekte (und nicht um die Sicht der datentechnischen Umsetzung in einer Datenbank).

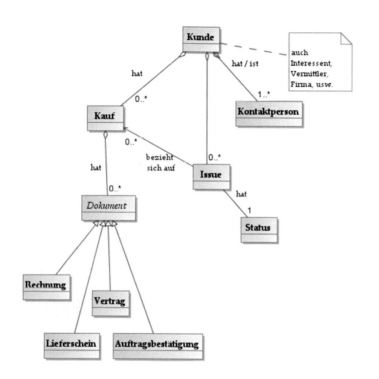

Beispiel:

Bild 44:
Kementitäten der Kundenverwaltung

Die Rechtecke repräsentieren Informationsobjekte. Die Linien dazwischen kennzeichnen Beziehungen zwischen den Objekten. Linien mit einem Pfeil sind gerichtete Assoziationen. Eine leere Raute bedeutet „Aggregation" (Anhäufung, Sammlung), d.h. das Objekt mit der Raute „versammelt" Objekte, zu denen die Linie hinzeigt, und zwar in der an dem assoziierten Objekt ange-schriebenen Anzahl, z.B. 1..* (mindestens eins, ansonsten belie-big viele). Assoziationen können, müssen aber nicht einen Na-men haben, z.B. „bezieht sich auf". Kursivschrift kennzeichnet abstrakte Objekte, d.h. Platzhalter für eine konkrete Ausprägung von etwas, z.B. ist ein Vertrag eine konkrete Ausprägung des abstrakten Schriftstück-Objekts.

Das Klassendiagramm (engl. class diagram) ist eine Diagrammart in der Unified Modeling Language (UML).

In der Analysephase liefert das Klassenmodell das Verständnis der Entitäten und ihrer Relationen zueinander, also die Grundlage für eine Informationsarchitektur. Dabei wird auch das Vokabular der Applikation festgelegt.

Wichtig dabei ist die Betrachtung durch die Brille des Anwenders, d.h. mit welchen Entitäten der Anwender an der Oberfläche umgeht.

In der Entwurfsphase kann dieses Gerüst zu einem detaillierten Objektmodell ausgebaut werden.

2.10 Ablaufstrukturlisten

Eine Ablaufstrukturliste veranschaulicht die logische Aufeinanderfolge von Teilaufgaben, die zur Erfüllung einer Gesamtaufgabe führen. Dabei kann man Teilaufgaben aufgliedern, d.h. hierarchisch unterteilen. Es gibt viele Workflowmodellierungswerkzeuge. Fürs Erste kann man eine Ablaufstruktur ohne besondere Werkzeuge als hierarchische Liste modellieren.

Beispiel:

Hierarchie der Ablaufschritte (mit Typkennzeichen)

> Legende:
> s= sequentieller Ablaufschritt,
> a= Alternative,
> p= Paralleler Ablauf,
> w= wahlfreier Ablaufschritt

Ablaufstrukturliste einer CRM-Applikation
s Kundeninformationen finden
s Suchkriterien eingeben
a Kundenname etc. eingeben
a Vertragsnummer etc. eingeben
a Issue-Stichworte etc. eigeben
s Suche durchführen
s Datensatz aus Trefferliste wählen
a Kundendatensatz wählen
a Neuen Kundendatensatz anlegen
a Kauf/Auftragdatensatz wählen
a Issue/Vorgang wählen
w Mit Kundenkarte arbeiten
w Kundenstammdaten ändern
w Kauf/Auftragdatensatz (aus Auftragsliste) wählen
w Neuen Auftrag anlegen

	w Issue/Vorgang (aus Vorgangsliste) wählen
	w Neuen Vorgang anlegen
	w Kundenkarte drucken
w Mit Auftrag arbeiten	
	w Auftragsdaten erfassen/ändern
	w Auftragsbestätigung/Vertrag/Rechnung drucken
	w Auftrag weiterleiten
w Mit Vorgang arbeiten	
	w Vorgangsdaten + Status erfassen/ändern
	w Vorgangsstatus verfolgen
	w Vorgang weiterleiten
	w Vorgangsübersicht + Historie drucken

Ablaufstrukturbäume bzw. -hierarchien helfen beim Entwickeln eines User Interface, den Ablauf zu gliedern und sich ein Bild darüber zu machen, welche Arbeitsschritte zwingend aufeinander folgen, oder aber wahlfrei sind. Auch lässt sich mit einer Ablaufstruktur gut ermitteln, wo und welche Handlungsalternativen auftreten und wo ggf. mehrere Tätigkeiten parallel durchgeführt werden.

Ein Arbeitsablauf (englisch: workflow) ist eine vordefinierte Abfolge von Aktivitäten. Der Arbeitsablauf betont die operativ-technische Sicht auf die Prozesse, während ein Geschäftsprozess den Bezug zu betriebswirtschaftlichen Faktoren wie Ressourcen, Kosten, Ergebnisse und Nutzer betrachtet. Eine Applikation kann den Ablauf unterstützen, ihn mit notwendigen Daten versorgen und ihn gemäß einer im System hinterlegten Vorgabe oder eines dafür vorgesehenen Algorithmus abwickeln. Herstellerübergreifende Gremien wie WfMC haben dazu Standards wie BPML entwickelt.

Abläufe können unterschiedliche Struktur haben. Das hängt zum Beispiel davon ab, ob die Tätigkeiten aufeinander folgen, oder parallel, oder alternativ sind. nach REFA [tbd] werden sieben Grundformen von Abläufen unterschieden:

- Aufeinanderfolge, eine Struktur ohne Teilungen oder Zusammenführungen,
- Und-Teilung,
- Oder-Teilung,
- Zusammenführung nach einer Und-Teilung,
- Zusammenführung nach einer Oder-Teilung,
- Und-Rückkopplung
- Oder-Rückkopplung.

Der Vorteil von Ablaufstrukturbäumen ist, dass sie die Hauptpfade (und nicht die Sonderfälle) des Ablaufs zeigen. Sie helfen dabei, die Applikation zu gliedern und eine passende Navigationsstruktur zu entwerfen. Eine hierarchische Liste ist änderungsrobuster als ein grafisches Modell: Arbeitsschritte lassen sich leicht weiter unterteilen und verschieben. Zusammenhängende Arbeiten und voneinander weitgehend unabhängige Aufgaben lassen sich „on the fly" umgruppieren und erlauben das schnelle Ausprobieren verschiedener Strukturierungsalternativen.

Die Knoten der Ablaufstruktur können frühzeitig mit Dialogseiten, Formularen, Listen, Buttons und weiteren Bedienelementen assoziiert werden und so ein griffiges Bild davon liefern, wie sich der Anwender mit der Applikation arbeitet und wie er darin navigiert.

Ablaufstrukturlisten liefern eine brauchbare Informationsbasis für den Entwurf von Menüs und Navigationsleisten.

Bild 45: Spezifizieren einer Ablaufstruktur in Doors

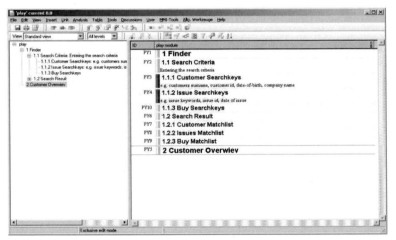

Doors eignet sich für die Spezifikation von hierarchischen Strukturen mit Querverweisen. Falls man kein Doors hat, kann man auch mit Office-Software (Word/Write, Excel/Calc) ähnliche Resultate erreichen.

2.11   Dialogflussdiagramme

Dialogflussdiagramme zeigen, wie der Dialogfluss der Bildschirme in der Anwendung aufgebaut ist (z.B. welche Schritte hat der Anwendungsablauf, wie sind diese Schritte hierarchisch strukturiert, welche Hauptpfade gibt es, welche Dialoge werden als Dienste / Popups von anderen Dialogen aufgerufen).

Im Unterschied zur Ablaufstruktur fokussieren diese Diagramme die Übergänge zwischen einzelnen Ablaufschritten und nicht auf ihre Aneinanderreihung. Ein Dialogflussdiagramm zeigt Übergänge zwischen den Ablaufschritten der Applikation.

Beispiel:

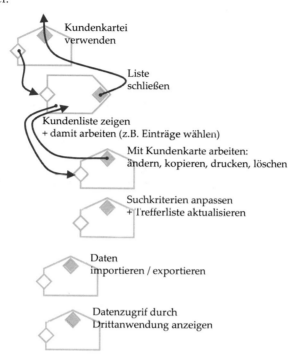

Bild 46:
Workflowdiagramm
der Kundenkartei

Mit „Worksteps" bzw. „Workflow-Steps" sind Ablaufschritte gemeint, die den (sequentiell oder wahlfrei) durchzulaufenden Arbeitsablauf bilden. Mit „Services" sind zusätzliche, als Dienste abrufbare Schritte gemeint.

Bild 47: Workflow-
Steps und Services

Legende:

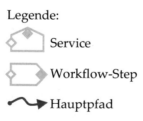

Dialogflussdiagramme sind eine abgewandelte Form von Aktivitätsdiagrammen. Das Aktivitätsdiagramm (engl. activity diagram) ist eine Diagrammart in der Unified Modeling Language (UML) zur Beschreibung von Vorgängen.

Das Aktivitätsdiagramm ist ein Verhaltensdiagramm. Es zeigt eine Sicht auf die dynamischen Aspekte des modellierten Systems. Ein Aktivitätsdiagramm stellt die Vernetzung von elementaren Aktionen und deren Verbindungen mit Kontroll- und Datenflüssen grafisch dar. Mit einem Aktivitätsdiagramm wird meist der Ablauf eines Anwendungsfalls beschrieben, es eignet sich aber zur Modellierung aller Aktivitäten innerhalb eines Systems.

2.12   Dialogseitendiagramme

Diagrammartige Entwürfe der Dialogseiten zeigen, welche Inhalte, Layout und Navigationselemente Dialogbildschirme haben.

Beachte: Die Dialogseitendiagramme zeigen den Aufbau (=Layout) – nicht die grafische Gestaltung – der Bildschirmmasken der Zielanwendung

Das Layout gliedert die gestaltete Oberfläche in Aktions-, Informations- und Inhaltebereiche. Die Bereiche können sich auch überlappen und Oberflächenelemente können mehreren Zwecken zugleich dienen (z.B. Hyperlink auf einem Content). Diese Gliederung schafft Struktur und Ordnung für Bildschirmentwürfe.

Das Layout richtet sich primär nach den fachlich-inhaltlichen Bedürfnissen des Anwenders, und nur am Rande nach dem optischen Eindruck.

Beispiel:

Bild 48:
Screendiagramm

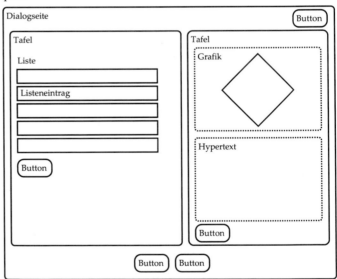

Das **Screendesign** dagegen ist ein vorwiegend grafisches Design, bei dem ein Designer damit beauftragt ist, für eine Bildschirmoberfläche eine Gestaltung zu schaffen. Screendesigner orientieren sich an den Vorgaben, die sie für Corporate Identity, Ästhetik und Zielgruppenansprache gesetzt bekommen. Durch einen Styleguide werden zum Beispiel die Farbwahl und Fonts festgelegt. Ein ebenfalls im Styleguide definiertes Layoutraster legt zudem Positionen und Maße der Screenaufteilung und ggf. der einzelnen Elemente fest.

Vorteil von Dialogseitendiagrammen: Sie liefern eine Vorstellung von dem, was wo auf der Dialogseite zu sehen sein wird und wie es miteinander zusammenhängt, ohne dass dabei grafisches Design in den Vordergrund gerückt wird. Dialogseitendiagramme helfen beim User Interface Entwurf, sich auf die Inhalte, die fachlich-logische Anordnung dieser Inhalte, und auf die Interaktionen einer Dialogseite zu konzentrieren und diese hinreichend genau „technisch zu zeichnen", bevor diese als „echte" Screens entworfen werden. Dialogseitendiagramme sind eine brauchbare Grundlage für den Bau von Prototypen.

Beachte: Dialogseitendiagramme sollten sich auf das „Innenleben" von Dialogseiten beschränken. Der gedachte „Anwendungsrahmen" um die Dialogseite herum enthält die Navigationselemente der Applikation. In den Dialogseiten sollte man sich auf deren Inhalte konzentrieren, und nicht darauf wie man auf diese Dialogseite drauf bzw. von hier aus auf eine andere Dialogseite kommt. Dazu ist es hilfreich, sich die Anwendungssteuerung beim Erstellen von Dialogseitendiagrammen als „gegeben" zu denken.

2.13   UML Robustheitsdiagramme

Robustheitsdiagramme haben ihren Ursprung in der von Ivar Jacobson vorgeschlagenen Robustheitsanalyse des Softwareentwurfs [TF06], [Jac92].

Bei der Robustheitsanalyse geht es (aus meinem Blickwinkel) um das Untersuchen von Nutzfällen (Use Cases) in Bezug auf die Zusammenarbeit (Kollaboration) von Model-, View- und Controller-Anteilen einer zu konstruierenden Software. In der UML werden hierfür die Modellelemente Boundary (entspricht MVC View bzw. Interface), Control (entspricht MVC Controller bzw. Verarbeitung bzw. Prozess) und Entity (entspricht MVC Model bzw. Datenobjekt / Geschäftsobjekt) zur Verfügung gestellt.

- Mit Boundary-Objekten kann man die sichtbaren Bestandteile des User Interface modellieren,

- mit Control-Objekten die User Interface Interaktionen,

- und mit Entity-Objekten den Bezug zu Daten bzw. Fachklassen.

Mit Robustheitsdiagrammen lässt sich also das Zusammenspiel von Model, View und Controller modellieren. Sie veranschaulichen die Anwenderinteraktionen der Anwendung, indem sie die Benutzeroberflächenelemente (Anzeigen, Bedienelemente) mit Aktivitäten und diese mit Geschäftsobjekten verbinden und den Aufgabenfluss entlang dieser Verbindungen darstellen.

Boundaryobjekte {View}, Entityobjekte {Model} und Controlobjekte {Controller} setzen zusammen den Nutzfall {Use Case} um. Diesen Zusammenhang kann man in UML wie folgt darstellen:

*Bild 49: Boundary-,
Control- und Entity-
Objekten arbeiten im
Use Case zusammen*

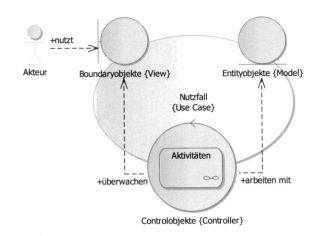

*Bild 50: Bedeutung
von Boundary, Control
und Entity*

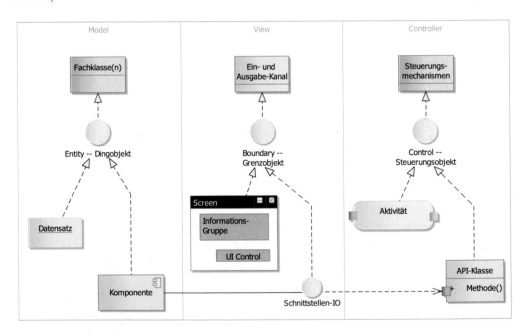

Das Robustheitsdiagramm ist eine Unterart des UML Kommunikationsdiagramms. Die Verbindungen zwischen den Modellge-
genständen können als einfache Assoziationen oder als Messages
modelliert werden. Je nach gedachtem Bedienungsprinzip der
Anwendung kann es auch sinnvoll sein, z.B. den Listener-Bezug
eines Controllers auf Kontrollelemente als Abhängigkeit zu modellieren.

Beispiel 1: Login in den Issue-Tracker:

- Der Benutzer gibt seine User-Id und sein Passwort auf der Anmeldeseite ein, und betätigt den Ok-Button.

- Die Anwendung vergleicht die eingegebenen Daten mit denen in der Benutzerdatenbank und liefert den benutzerspezifischen Homescreen des Trackers.

- Falls die Anmeldung fehlschlägt, wird der Benutzer auf der Anmeldeseite aufgefordert, die Anmeldedaten zu korrigieren und erneut abzuschicken.

Bild 51:
Robustheitsdiagramm:
Login in den Issue-
Tracker

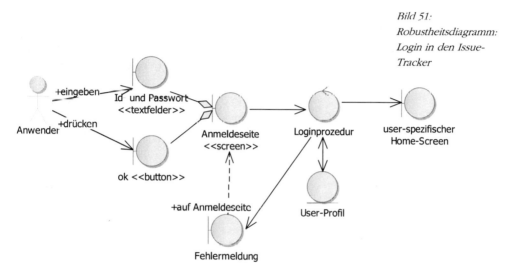

Modellieren der Verbindungen als Assoziationen: Die Aufgaben werden in Assoziationsrichtung übergeben. Die Namen der Aufgaben werden direkt auf die Assoziationen geschrieben.

Bild 52: Assoziationen

... als Messages: Die miteinander kommunizierenden Elemente werden mit richtungslosen Assoziationen verbunden. Die Aufgaben werden als Messages übergeben (nützlich, wenn zwischen zwei Elementen Aufgaben hin- und her übergeben werden).

Bild 53: Messages

... als Abhängigkeiten: Das reagierende Element hat eine Abhängigkeit zu dem Element, dessen Ereignisse es verfolgt. Der Name
der Aufgabe wird als Rollenname an das Ziel der Abhängigkeit
(also an das steuernde, unabhängige Element) geschrieben.

Bild 54:
Abhängigkeiten

Um die üblichen Bestandteile eines GUI zu modellieren, kann
man die Boundary-Objekte mit einem Stereotypnamen versehen,
z.B. <<screen>> oder <<button>> und deren Zusammengehörig-
keit durch Aggregation ausdrücken.

Eine typische Dialogseite, z.B. eine, auf der man eine Kontaktad-
resse oder Ähnliches erfassen kann, hat oft fünf bis zehn bedie-
nungsrelevante UI-Controls.

Beispiel 2: Reverse Engineering des Bildschirmformulars für das
Erfassen von Kontaktdaten in einem Smartphone als Robustheitsdiagramm

Bild 55: Gruppieren
von Boundary-
Symbolen

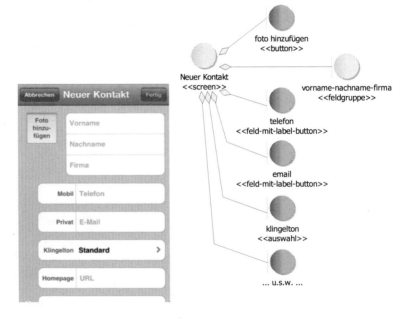

Übersichtsseiten, Formulare, Steuerungstafeln etc. können auch
mehrere Dutzend Kontrollelemente enthalten. Das Modellieren
von umfangreichen GUI Interaktionen mit einem Robustheitsdiagramm mutet daher unvermeidbar wie eine Sammlung von Sei-
fenblasen an.

Beispiel 3: Arbeiten mit dem Issue-Tracker:

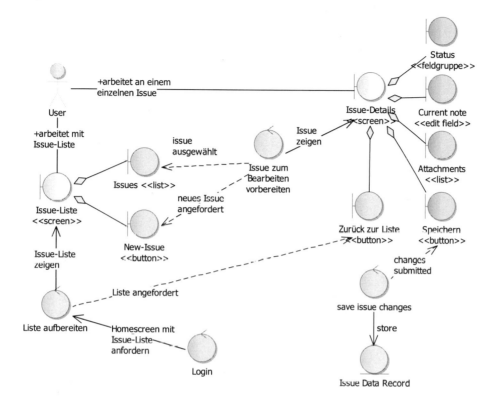

Bild 56: Robustness-
Diagramm: Arbeiten
mit dem Issue-Tracker

- Nach dem Login sieht der Benutzer die Issue-Liste und kann mit dieser arbeiten.

- Die Issue-Liste wird benutzerspezifisch anhand des Benutzerprofils aufgebaut.

- Der Benutzer wählt ein Issue aus der Liste aus oder will mit der Erfassung eines neuen Issues beginnen.

- Die Anmeldung zeigt den Issue-Details Bildschirm, welcher mit den Daten des gewählten Issues, oder mit den Initialwerten für ein neues Issue gefüllt ist.

- Nach dem Drücken des Speicher-Buttons werden die Eingaben in den Issue-Datensatz gespeichert.

- Nach dem Drücken des Zurück-zur-Liste-Buttons wird wieder die Issue-Liste angezeigt.

Man kann sich anhand des obigen Kommunikationsdiagramms -- ohne den Bildschirmaufbau zumindest in Grundzügen vor Augen zu haben – nur mühsam eine Vorstellung von den Interaktionen auf einer GUI-Dialogseite machen.

Bild 57: Screendesign
für Issue-Details
(Ausschnitt)

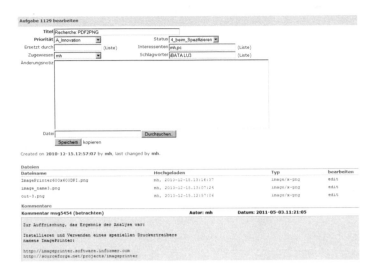

Abhilfe für die inhärente Unübersichtlichkeit von Robustheitsdiagrammen schafft das Verwenden von speziellen Symbolen für
die verschiedenen Typen von UI-Elementen (siehe Nutzungsarchitekturdiagramm).

2.14   UML Nutzungsarchitekturdiagramme

Durch   Erweiterung   der   Robustheitsdiagramme   um   GUI-
spezifische   Arten   von   Boundary-Objekten,   welche   in   Robustheitsdiagrammen fehlen, entstehen Diagramme, die sowohl
die MVC-Kollaboration, als auch die Informationsarchitektur der
GUI-Views darstellen können. Ich bezeichne diese Modellierungsform im Folgenden als **Nutzungsarchitekturdiagramme** bzw.
kurz als **NA-Diagramme**.

Während Robustheitsdiagramme schwer lesbar sind, weil die
Symbole für Boundary, Control und Entity ähnlich aussehen, und
weil die Boundary-Symbole keine Unterscheidung zwischen
verschiedenen UI-Elementen unterstützen, haben Nutzungsarchitekturdiagramme diese Mängel nicht und bieten damit eine leichter lesbare Modellierungsform an. Vgl. auch [Henn05].

Modellieren der
Nutzungsarchitektur
Nutzungsarchitekturdiagramme ermöglichen (zusätzlich zu den
Möglichkeiten des Robustheitsdiagramms) das visuelle Modellieren des User Interface hinsichtlich seiner Inhalte und seines Verhaltens. Mit Screens, Forms, Panels und weiteren (logischen)
Kontrollelementen kann die Visualisierungsform der Benutzeroberfläche modelliert werden. Die für die Nutzungsarchitektur
relevanten UI Elemente können mit anderen UML Modellelementen, z.B. mit Aktivitäten, Klassen und Use Cases in Beziehung
gesetzt werden, um Abläufe, Ressourcenanbindung und Anforde-
rungsbezug der UI Bestandteile darzulegen.

Die UML Stereotypen für User Interface Elemente in der hier vorgestellten Form werden zum Beispiel im SparxSystems Enterprise Architect bereitgestellt.

Beispiel: Login in den Issue-Tracker (vergleiche mit dem Robustheitsdiagramm zum gleichen Thema im vorhergehenden Abschnitt):

Bild 58: NA-Diagramm: Login in den Issue-Tracker

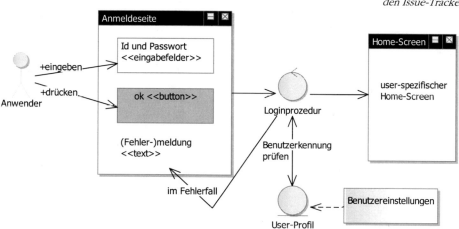

Obwohl exakt der gleiche Sachverhalt im gleichen Stil wie im Robustheitsdiagramm modelliert ist (zuzüglich des Objektes Benutzereinstellungen), erscheint das Diagramm wesentlich einfacher. Einziger Grund hierfür ist, dass statt abstrakt anmutender Boundary-Objekte griffigere Stereotypen für die GUI-Bestandteile verwendet wurden. Dadurch wird der MVC-View-Anteil des Modells anfassbar und erlebbar. Die funktionalen Aspekte, die weiterhin durch Control- und Entity-Objekte modelliert sind, lassen sich auf einen Blick von der Darstellungsschicht des User Interface unterscheiden.

Das Nutzungsarchitekturdiagramm ist, genauso wie das Robustheitsdiagramm, eine Unterart des UML Kommunikationsdiagramms. Die Verbindungen zwischen den Modellelementen können also als Assoziationen, als Messages und/oder als Abhängigkeiten modelliert werden. Abhängigkeitsverbindungen eignen sich z.B. gut für das Modellieren von Controller-Reaktionen auf UI-Ereignisse. Mit Messages hingegen lassen sich gut signalgesteuerte Bedienungsformen modellieren.

Für das Modellieren von GUI Bestandteilen benötigt man Spezialformen von Boundary-Objekten. Das nachfolgende Diagramm zeigt einige Möglichkeiten zur Modellierung dieser Objekte.

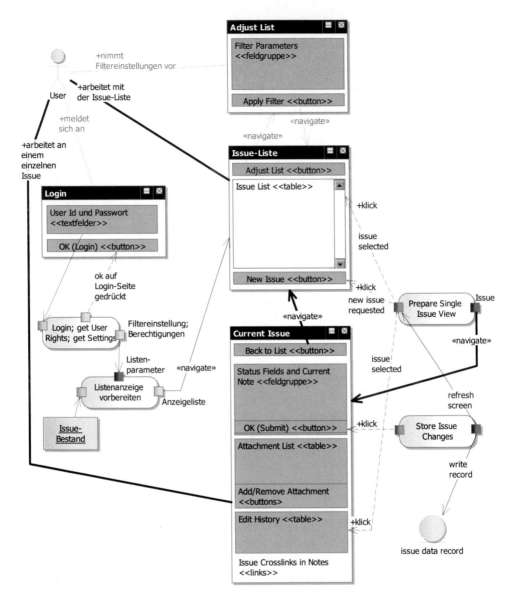

Bild 59: NA-
Diagramm: MVC-
Kollaboration eines
Issue Trackers

Das obige Diagramm zeigt den inhaltlichen Aufbau und das Verhalten der Oberfläche eines Issue Trackers. Die dick gezeichneten Assoziationen kennzeichnen die Hauptpfade beim Benutzen der Anwendung, d.h. den Weg durch die Anwendung, den der Benutzer im Normalfall wählt. Für das Anmelden an der Anwendung muss der Benutzer seine Kennung und das Passwort eingeben. Beim erfolgreichen Login wird unter anderem das Berechtigungs-/Einstellungsprofil des Anwenders geladen und anschließend weiter zum Screen „Issue-List" navigiert, wo die Issues aufgelistet sind, für die der angemeldete Anwender berechtigt ist. Der Anwender kann ein Issue aus der Liste zur detaillierten Ansicht bzw. zur Bearbeitung auswählen, oder mit der

Schaltfläche „New Issue" einen neuen Eintrag anlegen. Im Screen „Current Issue" können die Statusinformationen zum Issue manipulier, Bearbeitungsnotizen verfasst, Dateianlagen verwaltet und die Bearbeitungshistorie eingesehen werden. Die Schaltfläche „OK (Submit)" initiiert das Speichern der veränderten Felder und das Aktualisieren der Anzeige des aktuellen Issues. Mit „Back to List" kann von der Einzelissue-Ansicht zurück zu Issue-Liste gewechselt werden. Auf dem Nebenpfad liegen z.B. das Ansteuern von Issues über Querverweise und das Einstellen der Issue-Liste im Screen „Adjust List" (der über die Schaltfläche „Adjust List" aus dem Screen „Issue-List" aufgerufen wird). Die Schaltfläche „Apply Filter" initiiert das Speichern der vorgenommenen Einstellungen und die Rückkehr zur aktualisierten Anzeige der Issue-Liste unter Verwendung der ggf. geänderten Filterkriterien.

Im Beispiel werden nicht einzelne Formularfelder, sondern Feldgruppen modelliert, weil es auf dieser Konzeptebene mehr um die Struktur der Anwendungsoberfläche und um die Seitenübergänge geht, als um die (auch wörtlich) erschöpfende Auflistung aller Anzeige- und Eingabefelder, die ein Issue haben kann.

Gebrauchen kann man zum Beispiel die folgenden Stereotype für UI-Bestandteile:

- <<feldgruppe>> für mehrere Felder unterschiedlichen Typs (z.B. Auswahlfelder, Ankreuzfelder und Textfelder).

- <<eingabefelder>> für eine Gruppe von Eingabefeldern.

- <<liste>> für eine einspaltige Auflistung von Datensätzen. In der Regel können ein oder mehrere Einträge der Liste zur weiteren Bearbeitung selektiert werden.

- <<tabelle>> für eine mehrspaltige Auflistung von Datensätzen. In der Regel können ein oder mehrere Zeilen der Tabelle zur weiteren Verarbeitung selektiert werden.

- <<button>> für eine (aktionsauslösende) Schaltfläche.

- <<links>> für mehrere Links innerhalb eines Hypertext-Blocks.

- <<screen>>, <<window>>, <<panel>> und <<form>> für Bildschirme, Fenster, Panel und Formulare.

Man kann in einem Nutzungsarchitektur-Diagramm einzelne UI-Controls modellieren, dies ist aus meiner Sicht aber nicht zielführend, weil dabei der der Blick auf Ablaufstruktur der Benutzeroberfläche aus dem Fokus gerät und zugleich User-Interface Eigenschaften implizit festgezurrt werden, ohne dass die Verwendungsszenarien hinreichend bekannt sind (Vorabverpflichtung). Die fachlich benötigten Eigenschaften der UI-Elemente (z.B. Anordnung von Feldern, Sortierbarkeit von Listen), werden aber durch die Verwendungsszenarien bestimmt. UI-Design ohne vorausgehende Analyse der Nutzungsarchitektur hat ähnliche Qualität wie ein Restaurantbesuch, bei dem man zunächst fest-

*Vorabverpflichtung
vermeiden*

legt, ob man mit Messer und Gabel, mit Löffel oder mit Stäbchen essen wird, und erst anschließend die Speisen auswählen darf. Es kann passieren, dass das, was man eigentlich essen will, mit dem vorab bestimmten Besteck nur mühsam essbar ist.

Auf der Designebene sind die Anzahl und die Vielfalt der Eigenschaften einzelner UI Controls so groß, und zudem so plattformspezifisch, dass Spezialwerkzeuge für den UI Bau eingesetzt werden sollten.

Auf der Konzeptebene geht es vorrangig um die Informationsarchitektur und um die Kollaboration zwischen Model, View und Controller-Anteilen. Der Aufbau eines Screens kann auf Gliederungsebene sicherer verdeutlicht werden, als durch den Versuch, Details (z.B. Anzahl und Reihenfolge von Listenspalten) vorab zu bestimmen, an denen man voraussichtlich scheitern wird, weil sie zum Zeitpunkt der Konzeption noch nicht vollständig vorliegen können.

User Interface Elemente können, wenn die Modellierung der Nutzungsarchitektur zu nah am Design liegt, Stolperfallen bergen.

Vorabverpflichtung vermeiden

Im Design könnte zum Beispiel das Login-UI als Panel auf einer Website statt als eigenständiges Fenster umgesetzt werden. Das Modellieren eines Screens als Fenster mit einer eigenen Titelzeile sowie Minimize- und Close-Button wäre dann falsch. Daher sollten der Modellierer wie der Leser den „Screen" und andere UI-Stereotypen als logische Gliederungselemente wahrnehmen, und vorabverpflichtende Bestimmung der UI-technischen Umsetzung vermeiden, außer wenn diese Designeigenschaften aus Anforderungen zweifelsfrei hervorgehen.

Negativbeispiel: Ein überkonzeptioniertes Nutzungsarchitektur-Diagramm:

Das unten stehende Diagramm lässt sich auf einzelne Felder des Dialogbildschirms ein, und erweckt so den Anschein, als würde es sich bereits um das Design der Screens in der Realisierungsplattform handeln. Zugleich lässt es Details zum Verhalten der Controls und zum eigentlichen Dialogaufbau offen.

Risiken dabei: Layout-Diskussion; Vollständigkeitsdiskussion; techniklastige Diskussion der UI Controls. Es besteht die Gefahr, das bei der weiteren Entwicklung anhand des untenstehenden Diagramms der Fokus auf den Anwendungsszenarien liegt, die sich aus den einzelnen Controls ergeben, statt auf der Abdeckung der zielgerichteten Tätigkeiten (Use Cases), die aus Anforderungen abgeleitet wurden.

Durch eine zu „realistische" Modellierung des Dialogseitenaufbaus erweist man sich damit unterm Strich einen Bärendienst.

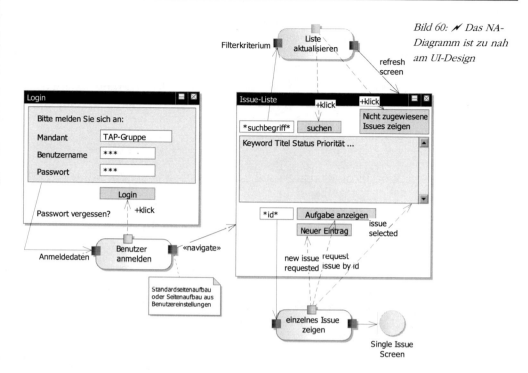

Bild 60: ✗ Das NA-Diagramm ist zu nah am UI-Design

Weiteres Negativbeispiel: Immer noch zu designlastiges Nutzungsarchitektur-Diagramm:

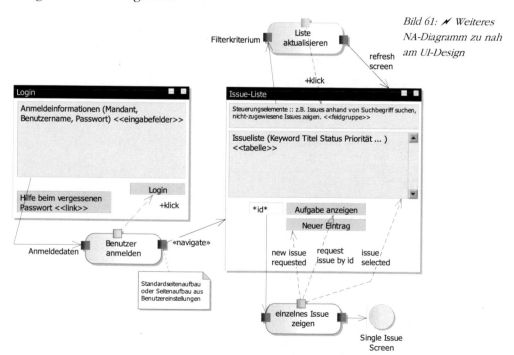

Bild 61: ✗ Weiteres NA-Diagramm zu nah am UI-Design

Das obige Diagramm verzichtet zwar weitgehend auf die Modellierung der einzelnen Ein- und Ausgabefelder, kann jedoch immer noch als endgültige Anordnungsvorschrift für die einzelnen GUI-Elemente missdeutet werden.

Im Übrigen würde eine detailgetreue Modellierung aller GUI-Aspekte der Issue-Liste die Darstellungsmöglichkeiten eines Nutzungsarchitekturdiagramms sprengen und dabei völlig unübersichtlich – und somit nutzlos - werden.

Positivbeispiel: Fokus auf Inhalte und Verhalten, Abstand zum realen Design:

Bild 62: NA-Diagramm ohne Vorgriffe auf das UI-Design

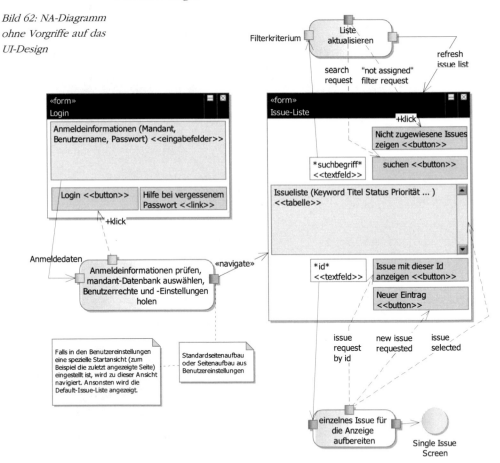

Das obige Diagramm gibt auf der Ebene von wesentlichen Eingaben und aktionsauslösenden Schaltflächen einen Überblick über die Strukturierung der Inhalte und die Interaktionen der Oberflächenelemente. Es deutet eine fachliche Reihenfolge der Bedienelemente an, behält aber zugleich genügend Abstand zu einem konkreten Design, um nicht als endgültige Layoutvorschrift missinterpretiert zu werden. Es betont die Model-View-

Controller-Kollaboration stärker als die beiden vorhergehenden Versionen.

Wesentlich ist zum Beispiel, dass klar erkennbar ist, wann und wodurch Aktivitäten und Screenübergänge ausgelöst werden. Klar ist an dieser Ausprägung des Diagramms, dass es nicht versucht, die Position und Design einzelner Controls zu spezifizieren, sondern die Informationsarchitektur der Seiten und ihre Wechselwirkung modelliert. Modelliert wird, was für das Verständnis wesentlich ist. Die einzelnen Felder und Buttons sind dabei nachrangig zur inhaltlichen Struktur, und zu den Schaltflächen nebst Vorgängen, die durch sie ausgelöst werden.

Vorteil von Nutzungsarchitektur-Diagrammen: Sie ermöglichen eine in das UML Modell eingebettete Sicht auf die Informationsarchitektur der Anwendungsoberfläche. Insbesondere lässt sich damit gut der Zusammenhang zwischen Anzeigeelementen, und den sie ansteuernden Methoden darstellen. Ebenso können aus der inhaltlichen Strukturierung der auf den Screens dargestellten Informationen die Fachklassen abgeleitet werden. Somit können in dieser Form MVC (Model-View-Controller) Aspekte der Anwendung ausgedrückt werden.

2.15 Integration der UML-Sichten

Unter Verwendung von Nutzungsarchitektur Diagrammen, Activity Diagrammen, Use Case Diagrammen und Requirement Diagrammen der UML lässt sich eine Software Anwendung im Gesamtkontext und einschließlich des User Interface Aspektes funktional (d.h. im Hinblick auf ihre nutzbaren Funktionen und deren Verwendung aus Sicht des Anwenders) modellieren.

An einer integrierten Sicht auf die zu entwickelnde Anwendung sind die folgenden Aspekte beteiligt:

- **Anforderungen** (Requirements) definieren die angestrebten, mit der Software-Anwendung als Werkzeug / Medium zu erreichenden Resultate / Ziele.

- **Anwendungsfälle** (Use Cases) sind zielgerichtete Tätigkeiten. Sie verfolgen / vollziehen die Anforderungen.

- **Testfälle** (Test Cases) bestätigen (validieren) die Anwendungsfälle, d.h. sie erbringen den Nachweis, dass die Anwendungsfälle die Anforderungen erfüllen.

- **Anwendungsabläufe** sind Aktivitätenketten (Vorgänge, Arbeitsschritte, Workflows) mit Objekt- und ggf. Kontrollflüssen. Sie detaillieren die Anwendungsfälle.

- **Testabläufe** (Testvorgänge, Testschritte) überprüfen (verifizieren) die Anwendungsabläufe, d.h. sie erbringen den Nachweis, dass die Anwendungsabläufe durchführbar sind und ihre Schritte zu den jeweiligen Eingaben die jeweils erwarteten Zwischenergebnisse liefern. Testabläufe müssen die Anwendungsabläufe auf dem gleichen Weg wie der Anwender (in der Regel mittels der Anwendungsoberfläche) vollziehen.

- **Anwender** (ggf. in einer bestimmten Rolle) führt den Anwendungsfall durch. Dazu verwendet er die Anwendungsoberfläche, um die Anwendungsabläufe zu steuern und deren Ergebnisse zu kontrollieren.

- Die **Anwendungsoberflächen** (Screens für Workflows einschließlich Behandlungsmethoden für UI-Ereignisse und der Ansteuerung der Businesslogik) ermöglichen das Umsetzen von Anwendungsabläufen (nebst Testabläufen). Sie können in UML durch Nutzungsarchitekturdiagramme modelliert werden.

- **Fachklassen** stellen die von den Anwendungsabläufen (einschließlich der Anwendungsoberfläche) benötigten Daten und Methoden zur Verfügung.

Bild 63:
Zusammenhang der
UML-Modellaspekte in
der funktionalen
Spezifikation

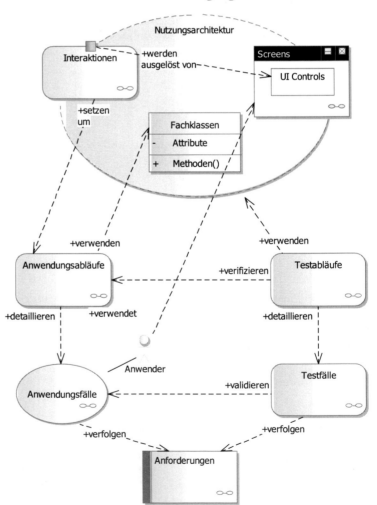

Das obige Diagramm zeigt, wie das Teilmodell der Benutzer-oberfläche (im gewählten Beispiel sind diese durch Nutzungsar-chitektur-Diagramme dargestellt, sie könnten aber mit einer an-deren Methode entworfen worden sein) mit anderen Analyse- und Entwurfsartefakten (Anforderungen, Nutz- und Testfälle, Anwendungs- und Testabläufe) zusammenhängt.

Letztendlich fließen alle beim Analysieren und Entwerfen ermit-telten Abläufe und Daten in den Methoden und Attributen der Fachklassen zusammen. Man kann im Klassenmodell einer An-wendung eine feinere Unterscheidung in UI-Klassen, sonstige Schnittstellenklassen, Geschäftslogik und sonstige Klassen vor-nehmen, ich bezeichne jedoch im aktuellen Zusammenhang sämtliche Klassen, von denen die Gesamtfunktion einer Anwen-dung abhängt, der Einfachheit halber als Fachklassen.

Das Klassen- bzw. Objektmodell spielt für die Implementierung der Anwendung eine zentrale Rolle: Hier entsteht beim Modellie-ren die **Infrastruktur** für die Durchführung der Anwendungsfälle und der in ihnen enthaltenen Anwendungsabläufe nebst ihrer Ansteuerung und Darstellung für den Anwender.

Es ist daher von Vorteil, diese Infrastruktur geordnet herzuleiten und diese Herleitung auch später nachvollziehen zu können, z.B. um belegen zu können, welche Klassen zur Abbildung welcher Use Cases notwendig sind, oder aber um die Frage nach dem Abdeckungsgrad der Use Cases durch das Klassenmodell zu beantworten.

- Zentrale Objekte und Methoden der Anwendung werden beim Modellieren von Anwendungsfällen erkennbar.

- Die Eckpunkte der benötigten Anwenderrollen und Be-rechtigungen werden ebenfalls bei der Use-Case Modellie-rung sichtbar.

- Objekte, die Ergebnisartefakte produzieren, kommen ins-besondere bei Testfällen zum Vorschein, weil Testfälle die Frage „Wie weiß ich, dass der Anwendungsfall erfolgreich durchgelaufen ist?" enthalten.

- Wichtige Fachattribute, sowie Multiplizität von Objekten können beim Modellieren von Aktivitäten aufgegriffen werden.

- Zur weiteren Klärung der benötigten Datengruppen und Operationen trägt die Modellierung der Verwendungsas-pekte in Nutzungsarchitekturdiagrammen bei.

Zugleich validieren sich die aus Anwendungsfällen, Aktivitäten und Oberflächen ableitbaren Klassen, Methoden und Attribute gegenseitig, indem sie auf allen Ebenen, allenfalls in unterschied-licher Detailtiefe zum Vorschein kommen.

Wohlmodellierte Anwendungsfälle und Aktivitäten sind jeweils durch eine Wortphrase (Sachwort + Tätigkeitswort), zum Beispiel

„Anschreiben erstellen", „Lieferschein drucken", benannt. Damit ist gesagt, was getan wird, und womit.

Bild 64:
Zusammenhang UI-
Modelle und
Fachklassenmodell

Aus den fachlichen Benennungen von Dingen, mit denen Anwendungsfälle, Anwendungsszenarien (insbesondere Eingangsgrößen und Ergebnisse von Aktivitäten) und Screens (insbesondere Überschriften von Dialogabschnitten) lässt sich das Fachklassenmodell parallel zur Modellierung der Verwendungsszenarien der Anwendung ableiten.

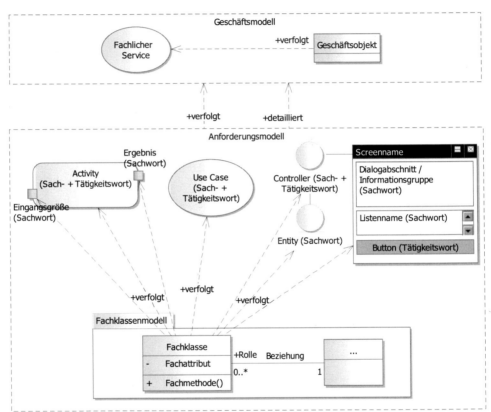

Durch das Kennzeichnen der Kausalität („Verfolgt"-Abhängigkeit) von Klassen zu UCs, Aktivitäten, usw. werden die Klassen legitimiert, d.h. ihre Existenz wird dadurch begründet, dass sie einen oder mehrere Elemente des Entwurfs von zielgerichteten Tätigkeiten, Anwendungsabläufen und Verwendungsszenarien sowie des Geschäftsmodells verfolgen bzw. detaillieren.

Eine weitere Achse der integrierten Sicht liegt im Legitimieren von Modellelementen und im Zurückverfolgen von Anforderungen mittels der Trace- (verfolgen) und Refine- (verfeinern / detaillieren) Hierarchie.

Die Anforderungen werden von Ebene zu Ebene verfeinert. Andere Modellelemente beziehen sich auf Anforderungen der eigenen Ebene (verfolgen diese) bzw. verfeinern einander. Sie können über die Anforderungsachse bis zur Geschäftsebene legitimiert werden.

Im untenstehenden Beispieldiagramm: Das Gesamtmodell wird in verschiedene Systemebenen mit speziellen Ergebnistypen unterteilt. Diese sind zum Teil Verfeinerungen der Ergebnisse aus früheren Ebenen und/oder haben Einfluss aufeinander.

Bild 65: Tracing und Refining im UML Modell

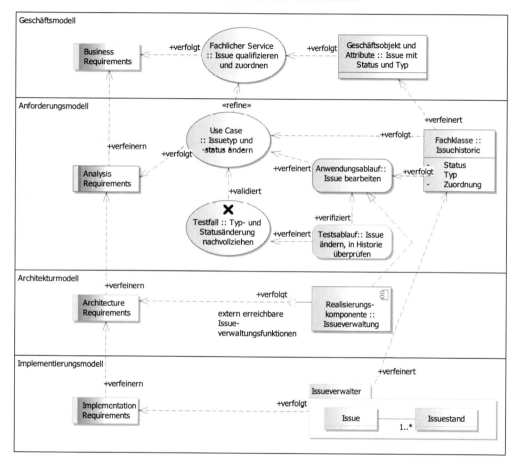

Jede Modellebene kann Anforderungen enthalten. Die Anforderungen der implementierungsnahen Ebenen müssen bis zur Geschäftsebene zurückgeführt werden können.

Jedes Modellelement muss mittelbar oder unmittelbar auf mindestens eine Anforderung zurückgeführt werden können.

Die integrierte Sicht auf Anwendungsfälle, Vorgänge (Ketten von Aktivitäten), Fachklassen und Screens sowie dazugehörigen Testszenarien bzw. Testfällen, ermöglicht ein in sich geschlossenes Konzept, bei dem Widersprüche der Teilkonzepte frühzeitig erkannt und eingegrenzt werden können.

Insbesondere liefert ein Fachklassenmodell, das im Kontext der fachlichen Anwendungsfälle und der MVC-Analyse mittels Nutzungsarchitekturdiagrammen entwickelt wurde, eine stabile

Grundlage für robuste und fachlich nachvollziehbare Objekte und Daten.

Road Check „Analyse und Entwurfs-Methoden":

RC12: Nennen Sie drei Analysetechniken. Erläutern Sie kurz, wann, wozu und mit welchem Ergebnis sie verwendet werden.

RC13: Nennen Sie drei Entwurfstechniken. Erläutern Sie kurz, wann, wozu und mit welchem Ergebnis sie verwendet werden.

RC14: Verwenden Sie aus dem obigen Methodenvorrat die Methode(n) Ihrer Wahl um eine von Ihnen regelmäßig verwendete Anwendung zu analysieren.

RC23: Welche UML Diagramme eignen sich zur Modellierung von welchen User Interface Aspekten (drei Beispiele)?

RC24: Welche User Interface Bestandteile sind nicht ohne weiteres mit UML modellierbar (drei Beispiele)?

RC40: Wie unterscheiden sich in UML Nutzungsarchitekturdiagramme von Robustheitsdiagrammen?

RC41: Aus welchen UML Elementen können anhand wovon Fachklassen abgeleitet werden?

Kapitel 3: Konzept- und Designmedien

Im Entstehungsprozess einer neuen Softwareanwendung (ebenso wie beim Erweitern einer bereits bestehenden Anwendung) finden umfangreiche und ständige Abstimmungen zwischen den Projektbeteiligten statt. Die Entwürfe werden skizziert, definiert, vorgestellt, angepasst und wieder kommuniziert.

Mit Konzeptmedien (in Bezug auf User Interfaces) sind in erster Linie Dokumente wie **UI-bezogene Anforderungsbeschreibungen, funktionale Spezifikationen** und **Styleguides** sowie **Prototypen** und **DSL-Modelle des UI** gemeint.

Konzeptmedien gehören zu Projektaufzeichnungen und lassen sich in drei Kategorien einordnen:

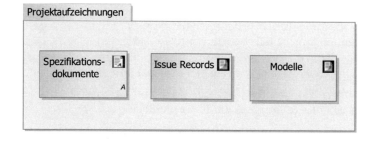

Bild 66: Einteilung der Projektaufzeichnungen

- Spezifikationsdokumente sind die „dicke" Form von Konzeptmedien. Sie legen die gewünschten Eigenschaften des Zielsystems fest und stellen Zusammenhänge zwischen den verschiedenen Eigenschaften auf. Spezifikationen haben in der Regel eine Versionsnummer und damit einen verbindlichen Charakter.

- Issue Records sind eine „unspezifische" Form: Sie adressieren in der Regel eine anfangs nicht eindeutig kategorisierte „Angelegenheit" und können in Aufgaben, Anfragen, Fehlerbeschreibungen, Änderungsanforderungen münden.

- Modelle sind eine „tiefe" Form der Konzeptmedien. Sie dienen dazu, bestimmte zentrale Aspekte des Systems im Detail auszuloten.

An diesen Ergebnistypen hängen selbstverständlich die Werkzeuge, mit denen die ersten erstellt werden, dran. Für die Konzepterstellung spielen die Werkzeuge eine wichtige Rolle. Für die

Konzeptleser sind sie sekundär. Wer einen Prototypen auspro-
biert oder eine Spezifikation nebst UML Diagrammen liest, interessiert sich nur am Rande dafür, womit das Ganze erstellt wurde.

Übliche Formen der Planung (bzw. der Klärung) von Features
einer Software:

Bild 67: Formen der
Featureplanung

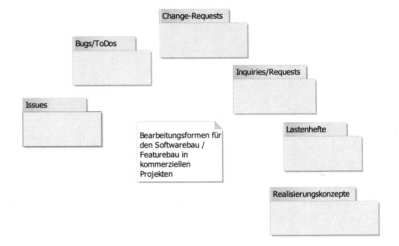

Ob zuerst die funktionale Spezifikation oder das Anzeige-und-
Bedienkonzept erstellt werden soll, ist eine Henne-Ei-Frage. Die
beiden Konzepte hängen voneinander ab und müssen daher
parallel (zu Anfang in kleinen Iterationen) aufgebaut werden.

Will man die Ergebnistypen eines UI Entwurfs dennoch in eine
Basisreihenfolge bringen, dann eventuell so:

- 1a. Anforderungsbeschreibungen
- 1b. Einige Basis-Entwürfe (siehe Analysieren und Entwerfen) für die funktionale Spezifikation
- 2. Anzeige-und-Bedienkonzept / Styleguide
- 3. Basis-Prototyp
- 4. Funktionale Spezifikation
- 5. DSL- Modell und daraus generierter Detail-Prototyp

Fachlicher Zuschnitt und Grundform der Applikation entscheiden
darüber, wie viele und welche ABK-Regeln das Styleguide enthalten muss.

Wenn es um eine sich um eine bank- oder versicherungsfachli-
che Anwendung handelt, dann wird sich im Styleguide vieles um
das Layout elektronischer Formulare und um Workflowführung
drehen.

Wenn es sich um eine Applikation fürs Dashboard, ein mobiles Gerät oder für das Zentraldisplay eines Fahrzeugs handelt, spielt die genaue Positionierung von Grafiken und Texten eine wichtige Rolle. Daher wird sich das ABK für eine solche Applikation verstärkt mit Positionierungsrastern und Speziallayouts befassen.

3.1 Funktionale Spezifikation

Eine funktionale Spezifikation beschreibt, wie ein Produkt im Ganzen aus dem Blickwinkel des Anwenders arbeiten wird.

Dabei wird – sofern es nicht doch für die Arbeitsweise aus dem Blickwinkel des Anwenders von Bedeutung ist - nicht betrachtet, wie die Applikation implementiert wird (das gehört in die technische Spezifikation) oder wie das generelle Look and Feel der Applikation sein soll (das macht das Anzeige-und-Bedien Konzept).

Die **funktionale Spezifikation** legt Features fest. Sie beschreibt Abläufe, Dialogseiten, Layout und Kontrollelemente von Bildschirmseiten und elektronischen Formularen, Sprachsteuerungselemente (sofern vorhanden), Symbolleisten, Menüs, Interaktionen, Varianz und Situationsabhängigkeit.

Eine **technische Spezifikation** hingegen beschreibt die technische Realisierung der Applikation. Sie handelt von Datenstrukturen, Objekten und Relationen, Implementierungsplattform, Programmiersprache und Entwicklungswerkzeugen, Algorithmen usw. [Spol04]

Die **funktionale Spezifikation eines technischen Vorgangs** ist ein in der Softwareentwicklung oft vorkommender, durchaus problematischer Grenzfall: Die Grenze zwischen fachlicher Absicht und technischer Notwendigkeit verliert Klarheit; fachliche Anforderungen und technische Restriktionen vermischen sich; die Konstruktionslogik dominiert die Verwendungslogik. Ich empfehle Ihnen daher, wenn möglich, Beschreibungen und Diagramme auf Dokumentebene zwischen der funktionalen Spezifikation (**führendes Dokument**) und der technischen Spezifikation (**Folgedokument**) aufzuteilen. Führendes Dokument heißt, dass Sachverhalte zunächst hier und zunächst auf der logisch- funktionalen Ebene ausgeführt werden, bevor sie im Folgedokument in die Detailumstände des technischen Umfelds transformiert werden.

Inhalte der funktionalen Spezifikation:

- Beschreibung der Anwendungsfunktionen aus Anwendersicht
- Fachliche Detaillierung der Anforderungen
- Verwendungsszenarien / Vorgänge
- User Interface Entwurf

- Fachklassen
- Testszenarien / Testfälle
- Zielgruppe: Fachexperten, Spezifizierer, Anwender, Tester, sonstige Stakeholder

Inhalte der technischen Spezifikation:

- Beschreibung der Anwendungsfunktionen aus Entwicklersicht
- Technische Folgerungen aus den Anforderungen
- Ablaufsteuerung / Plausibilitäten
- User Interface Design
- Implementierungsklassen / Datenmodell
- Komponenten / Protokolle / Unit Tests
- Zielgruppe: Softwaretechniker

Beide Dokumente sollten identischen Aufbau haben, d.h. gleich gegliedert sein, wobei die technische Spezifikation der funktionalen Spezifikation folgt, d.h sich auf diese bezieht, und deren Inhalte um technische Details / Sichtweisen erweitert.

Bild 68: Einordnen des Begriffs der funktionalen Spezifikation

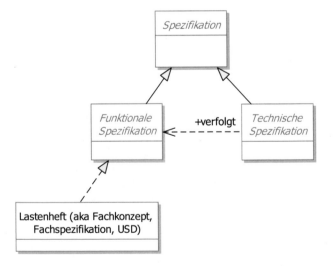

Der Aufteilung in funktionale und technische Spezifikation gehen folgende Überlegungen voraus:

- Wie detailliert muss die fachliche Beschreibung (für den Kunden, für die Fachexperten des Entwicklungsteams) sein?
- Welche Detailtiefe ist bei der Beschreibung der Anwendungsszenarien, Vorgänge und Zusammenhänge notwen-

dig, um sicherzustellen, dass die Umsetzer / Programmierer verstehen, wie die gewünschten Funktionen und deren
Handhabung im Zielsystem sein sollen?

- Welche Beschreibungen sind darüber hinaus für die ent-
  wicklungstechnische Umsetzung durch einen Programmierer notwendig? Wie ist deren Bezug zu den fachlichen
  Ausführungen (konkretisierend, abstrahierend, Zuordnung
  zu Implementierungskomponenten, technische Abbildung
  fachlicher Zusammenhänge)?

- Ist das Projekt groß genug um zwei Dokumente zu erstellen und synchron zu pflegen?

Eine funktionale Spezifikation hat viele Namen. Manchmal wird
sie als Fachspezifikation, Fachkonzept oder Feinkonzept, ande-
renorts als Lastenheft, oder als Detailkonzept bezeichnet, noch
anderweitig wird sie USD (User Specification Document) genannt.

So könnte eine funktionale Spezifikation beginnen: Mit einer
Zweckbestimmung und grundlegenden funktionalen Anforderungen.

---

1 :: Überblick

Das geplante CRMS (Customer Relationship Management
System) dient zum Verwalten von Kundeninformationen und
den damit zusammenhängenden Vorgängen.

Die Applikation ermöglicht das Auffinden von Kundendatensätzen, Auftragsdaten und Vorgängen (z.B. Anfragen, Probleme, Wünsche der Kunden) anhand von Suchkriterien, die
diese Daten betreffen (z.B. Kundenname, Stichworte zum
Auftrag oder Vorgang).

Zu den eingegebenen Suchkriterien soll eine Trefferliste von
Kunden-, Auftrags- und Vorgangsdatensätzen ermittelt und
angezeigt werden. Der Anwender kann dann einen Eintrag
aus der Trefferliste auswählen und Details zu einem Kunden,
einem Auftrag/Kauf oder einem Vorgang bzw. einer Anfrage
einsehen.

Es soll möglich sein, neue Kundendatensätze, Aufträge und
Verträge sowie Vorgänge und Anfragen anzulegen und zu
verwalten.

Es können Kundenkarten, Auftragsbestätigungen, Verträge,
Rechnungen und Vorgangsübersichten eingesehen, gepflegt
und gedruckt werden

2 :: Ausgangslage

Heute verwalten wir unsere Kundeninformationen in einer

Beispiel 1: Einige
Sätze aus einer
funktionalen
Spezifikation

Access Datenbank, die von einem Werkstudenten erstellt wurde und von diesem weiter gepflegt wird.

3 :: Zielsetzung

Information des Sachbearbeiters über den Kunden und über alle im Zusammenhang mit diesem Kunden erfolgten Vorgänge aktuell verfügbar haben und auf dieser Basis die Angelegenheiten der Kunden schnell, zielsicher und im Kontext vorangegangener Aktivitäten effizient und effektiv erledigen zu können. Möglichkeit, diese CRM-Informationen zu ergänzen, auszuwerten und zu verbessern.

4 :: Anwendungssituation

Leitfrage: Bei welcher Tätigkeit soll die Anwendung unterstützen?

Die Kundenkartei sei eine Anwendung zur Recherche und Pflege der Kundeninformationen.

In einem Unternehmen werden beim Kunden- / Interessentenkontakt die Informationen zu diesem Kunden zur Einsichtnahme abgerufen und ggf. um neue Informationen ergänzt.

5 :: Beschreibung des Nutzfalls

Leitfragen: Wann, wo und wozu wird die Applikation eingesetzt?

Auslöser für das Verwenden der Kundenkartei kann zum Beispiel sein: Kundenbesuch, Anruf des Kunden, Anfrage, Bestellung, Reklamation, Auftragsverfolgung.

Die Anwendung wird hauptsächlich von Kundenbetreuern, aber auch von Servicetechnikern und von Vertriebs- und Marketingleuten (zur Auswertung von Kundenzufriedenheit etc.) verwendet.

Hauptsächlicher Verwendungszweck: Anhand von Suchkriterien wird der Kundendatensatz gefunden und angezeigt. Der Kundenbetreuer bekommt einen Überblick über die Kundendaten und Vorgänge. Sofern weitere Details gespeichert sind, können diese abgerufen werden.

6 :: Aufgaben der Benutzerschnittstelle

Leitfragen: Was muss der Anwender machen können? Was muss der Anwender sehen können?

Eingabemöglichkeit für: Suchkriterien, Auswahl eines Datensatzes, Kundeninformationen, Auswahl und Bereitstellen von Daten in einer Zwischenablage, Import und Export von Datensätzen, Druckaufträge.

Anzeige von: Suchvorgang, Trefferliste, Kundendatensatz, Druckvorgang, Import- oder Exportvorgang.

7 :: Anforderungen an Bedienerführung

Die Kundenkartei ist eine häufig verwendete Servicefunktion. daher müssen die Basisfunktionen unmittelbar erreichbar sein. Im Dialog mit einem Kunden muss der Anwender jederzeit die Möglichkeit haben, ohne umständliche Moduswechsel Kundeninformationen zu ergänzen oder zu korrigieren.

8 :: Weitere Rahmenbedingungen

Es muss möglich sein, den kompletten Datensatz zu einem Kunden aus der Anwendung heraus zu kopieren und diese in einfachem Textformat in z.B. einen Editor einzufügen.

Ein Kundenportfolio soll ausgedruckt werden können.

Es soll auch möglich sein, die gesamte Kundenliste oder die nach bestimmten Suchkriterien gefilterte Liste auszudrucken.

In ihrem Endausbau sollte die funktionale Spezifikation alle Details des **Funktionsumfangs, der Bedienung und der Ergebnisse der Applikation** in einer implementierungsreifen Detailtiefe (zusammen mit der technischen Spezifikation) festlegen.

Unabdingbar ist in jeder Spezifikation, dass die verwendeten Bezeichnungen und Begriffe in einem Glossar oder (wenn die Begriffe in vielfältigen Beziehungen zueinander stehen) in einem Klassenmodell festgelegt werden. Insbesondere sollten dabei synonyme Bezeichnungen für ein und das Selbe sowie ähnliche Bezeichnungen für unterschiedliche Dinge herausgestellt werden. Das hilft beim Erarbeiten des im User Interface zu verwendeten Vokabulars, und es hilft auch dabei, Missverständnisse und Verwechslungen zu vermeiden.

Mit funktionalen Spezifikationen ist es zuweilen wie mit Bielefeld (http://www.bielefeldverschwoerung.de): angeblich gibt es sie. Leute behaupten, dass sie eine geschrieben oder eine Applikation nach einer Spezifikation erstellt haben.

Wie sieht also eine funktionale Spezifikation wirklich aus? Was steht da wirklich drin? Wie ist die Struktur dieses sagenumwobenen Dokuments?

Oft sind Spezifikationen vertraulich und deshalb nicht leicht zu bekommen. In anderen Fällen sind sie noch nicht fertig und deshalb noch nicht verfügbar. Oder sie sind veraltet und werden deshalb nicht mehr im Projekt verwendet. Oder es gibt ein Fachkonzept, aber das User Interface ist darin aus verschiedenen Gründen nicht spezifiziert, sondern wird nach Zuruf zwischen Programmierern und Fachprojektleiter abgesprochen.

Ein möglicher Aufbau einer funktionalen Spezifikation könnte der folgende sein.

1. **Inhaltliche Basis** :: Überblick, Abstract, Ausgangslage, Zielsetzung, Mindmap

2. **Anwendersicht** :: Verwendungsszenario, Nutzfall, Beschreibung der Aufgaben des Anwenders, Nicht-Aufgaben, Aufgaben des User Interface, Anforderungen an die Bedienerführung, Storyboards, Anwendermodelle, Interviews,

3. **Analysen** :: UC-Diagramme, Validierungstestfälle, Systemgrenzen, Ablaufstrukturbaum, Informationsmodell, Screenskizzen

4. **Entwürfe** :: Abflaufsequenzen, Dialogseiten, Inhalte, Layout, Interaktionen, Prototyp

5. **Spec-Lifecycle** :: Fragen und Antworten, Offene Punkte, Verworfene Lösungen, Grundlagen, Formen, Algorithmen, Hinweise

Wichtig: Man muss nicht jede der oben aufgeführten Analyse-Methoden zum Erarbeiten der Inhalte der funktionalen Spezifikation anwenden: Es reichen die Methoden, die inhaltlich zum Ziel führen, d.h. **Funktionsumfang, Bedienung und Ergebnisse** der Softwareanwendung hinreichend genau beschreiben.

Ziel der Punkte 1+2 (inhaltliche Basis + Anwendersicht), ist es, **stabil** (d.h. ohne wenn und aber) die folgenden Fragen zu beantworten:

- Was wird gebaut?
- Für wen?
- Wozu dient es?
- Wie und wann wird es verwendet?
- Wer betreibt es?

Ziel der Punkte 3+4 ist es, die Strukturen und Abläufe der Anwendung in der Tiefe zu detaillieren.

Ziel des Punktes 5 ist es, die in den Inhalten der Funktionalen Spezifikation aufgestellten Lösungen und Entscheidungen zu erläutern und Designschleifen zu vermeiden.

Die Gliederung einer Spezifikation könnte so sein.

1. Überblick (Abholen des Lesers)
2. Ausgangslage
3. Zielsetzung
4. Anwendungssituation
5. Beschreibung des Nutzfalls
6. Aufgaben der Benutzerschnittstelle
7. Anforderungen an Bedienerführung
8. Weitere Rahmenbedingungen

9. Use Case Diagramm

10. Systemgrenzen Diagramm

11. Dialogflussdiagramm

12. Dialogseitendiagramm

13. Methoden und Grundlagen

Die Spezifikationskapitel im Einzelnen.

1. Anwendungssituation, Ausgangslage, Zielsetzung

Der Abschnitt Anwendungssituation beschreibt, was in dem Anwendungsfall passiert, d.h. was der Anwender vermittels der Anwendung (und damit vermittels des User Interfaces) zu tun beabsichtigt.

Beispiel 2: Gliedern einer funktionalen Spezifikation pro Anwendungsfall.

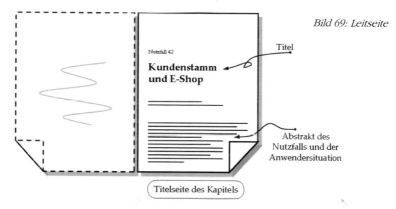

Bild 69: Leitseite

Jeder Anwendungsfall sollte mit einer Beschreibung der Anwendungssituation, Ausgangslage und Zielsetzung (siehe Beispiel 1) beginnen. Der Anwendungsfall wird weiter über eine formlose Beschreibung des Nutzfalls bis hin zu detaillierten Diagrammen und Dialogentwürfen entwickelt und mit einem Exkurs in die Grundlagen der angewandten Arbeitstechniken abgerundet.

Die Einleitung enthält die Schilderung der Anwendungssituation einschließlich Ausgangslage und Zielsetzung. Der Abschnitt **Ausgangslage** beschreibt, was zu Beginn des Anwendungsfalls gegeben ist. Der Abschnitt **Zielsetzung** beschreibt, woran das erfolgreiche Abschließen des Anwendungsfalls bemessen wird.

2. Beschreibung des Nutzfalls

Es folgt eine detaillierte Beschreibung des Nutzfalls. Dazu gehört die Abgrenzung, welche Aufgaben dazugehören und welche nicht, welche davon in der Applikation erledigt werden, und welche außerhalb, welchen Anforderungen und Richtlinien das zu entwickelnde User Interface genügen muss sowie welche weiteren Rahmenbedingungen beachtet werden müssen.

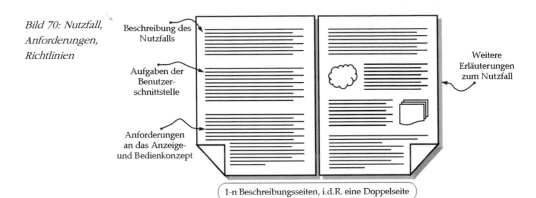

Bild 70: Nutzfall,
Anforderungen,
Richtlinien

Der Abschnitt **Beschreibung des Nutzfalls** beschreibt, wie der Anwendungsfall abläuft, d.h. welche Tätigkeiten mit welchen (Zwischen-) Ergebnissen der Anwender verrichtet. Der Abschnitt **Aufgaben der Benutzerschnittstelle** beschreibt, welche Funktionen das User Interface dem Anwender zur Verfügung stellen soll.

Der Abschnitt **Anforderungen an Bedienerführung** beschreibt, auf welche Art und Weise das User Interface die vereinbarten Funktionen zur Verfügung stellen soll. Der Abschnitt **Weitere Rahmenbedingungen** beschreibt, welche Methoden, Techniken, Technologien, und weitere Faktoren bei der Entwicklung des User Interfaces für den vorliegenden Anwendungsfall zu beachten sind.

3. Übersichtsdiagramme mit Erläuterungen

Bevor konkrete Lösungskonzepte für das User Interface des vorliegenden Anwendugsfalls aufgestellt werden, wird der Dialogumfang abgegrenzt. Das erfolgt mit Hilfe von Analysediagrammen, z.B. wird mittels eines Use Case Diagramms abgesteckt, welcher Nutzer welche Tätigkeiten innerhalb der Applikation macht und wie diese untereinander zusammenhängen.

Bild 71:
Übersichtsdiagramme

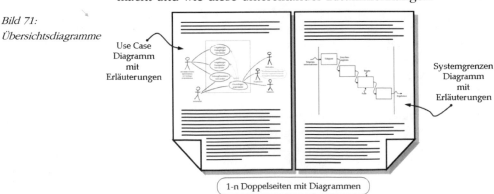

Der Abschnitt **Use Case Diagramm** zeigt, wie die verschiedenen Teile des Anwendungsfalls sowie die daran beteiligten Rollen zusammenhängen.

Der Abschnitt **Systemgrenzen Diagramm** zeigt, wie die Eingangsgrößen und die Ergebnisse des Anwendungsfalls mit dem Anwendungsprozess, also den Tätigkeiten und Teilergebnissen beim Durchführen des Anwendungsfalls zusammenhängen.

4. Dialog- und Ablaufentwürfe mit Erläuterungen

Auf Grundlage der Anforderungen und der Fallabgrenzung werden der Dialogfluss und die Dialogseiten mit Dialogelementen aufgestellt. Wichtig: Dialogelemente sind nicht nur grafische Controls, sondern sofern in der Applikation verwendet, auch Sprachein- und Ausgaben, Töne, Videos oder haptische Signale.

Dialogseite-
bzw.
Dialogfluss-
Entwurf
mit
Erläuterungen

*Bild 72: Dialog- und
Ablaufentwürfe*

Weitere
Erläuterungen
zur Dialogseite
bzw. zum
Dialogfluss

1-n Doppelseiten mit Dialogentwürfen und Erläuterungen

Der Abschnitt **Dialogflussdiagramm** zeigt die Ablaufstruktur des User Interfaces, das den Anwendungsfall abdecken sollt.

Der Abschnitt **Dialogseitendiagramm** zeigt die GUI-Seite(n), mit denen das User Interface die vereinbarten Funktionen und Informationen dem Anwender bereitstellt. Falls das User Interface Voice bzw. Haptik Anteile hat, werden auch diese im Dialogseiten Diagramm durch Pseudo-GUI-Controls (z.B. Voice-Buttons) repräsentiert. Zusätzlich wird die MVC Kommunikation der Anwendungsanteile als Robustheits- bzw. Nutzungsarchitekturdiagramm dargestellt.

Bei dialogintensiven Anwendungen empfehle ich Ihnen, intensiv auf **Nutzungsarchitekturdiagramme** zurückzugreifen.

5. Weiterführende Themen und Grundlagen

Die funktionale Spezifikation wird (bei Bedarf) durch eine Analyse der verwendeten Methoden und eventueller theoretischer Grundlagen sowie ein Glossar der verwendeten Begriffe abgeschlossen. Hier können auch Fragen und Antworten, offene Punkte, Hinweise auf mögliche Stolpersteine sowie die Änderungshistorie dokumentiert werden.

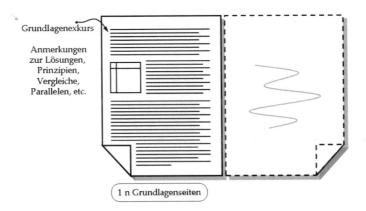

Bild 73: Abschluss der funktionalen Spezifikation

Der Abschnitt **Weiterführende Themen und Grundlagen** erläutert den fachlichen und prozessualen Hintergrund des Nutzfalls, die angewandten Methoden, Fachliche Formeln und Algorithmen, etc.

Eine funktionale Spezifikation wird in der Regel bis in die Implementierung fortgeschrieben.

Manches wird erst beim Umsetzen klar, das ist das Wesen der **Ent**-Wicklung. Die Spezifikation kann daher weder „frozen" sein, wenn es an die Implementierung geht, noch ist nicht erst dann implementierungsreif, wenn der letzte i-Punkt gesetzt ist.

Die **Implementierungsreife** einer Spezifikation ist vielmehr eine Übereinkunft zwischen Spezifikateur, Programmierer und Qualitätsmanager im Projekt. Wenn Sie selbst alle drei Hüte auf haben, müssen sie die Aspekte (inhaltliche Vollständigkeit aus jeweiliger Sicht, Änderungsrisiken und ihre Auswirkungen) abwägen und eine möglichst objektive Entscheidung fällen.

Bei größeren Projekten ist das Erstellen einer funktionalen Spezifikation in der Regel eine arbeitsteilige Aufgabe. Dabei ist es wichtig, dass der aktuelle Reifegrad der Spezifikation an alle Beteiligten klar kommuniziert wird. Ein typischer Lebenszyklus einer Spezifikation könnte wie folgt aussehen:

In dem Beispiel im untenstehenden Diagramm durchläuft das Lastenheft „LH WB" fünf Reifegrade, bis es abgenommen ist. Die Bedingung für den Übergang in den nächsten Zustand im Lebenszyklus ist als Abhängigkeit einer Lastenheftversion zur vorhergehenden Fassung formuliert.

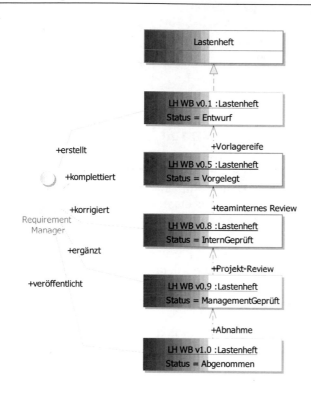

Bild 74: Life Cycle einer funktionalen Spezifikation

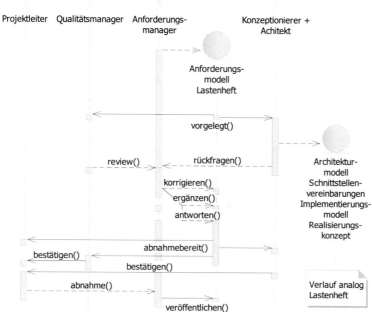

Bild 75: Kollaboration der Rollen im Lifecycle einer funktionalen Spezifikation

Das obige Diagramm (UML Sequenzdiagramm) zeigt den Verlauf des Lastenheft-Lebenszyklus als Kollaboration der beteiligten Rollen bei den einzelnen Statusübergängen.

3.2   Spezifizieren mit UML Modellen

UML Diagramme visualisieren die in einer Spezifikation beschriebenen Zusammenhänge, können aber keinen Spezifikationstext ersetzen. Daher empfehle ich Ihnen, den Einsatz von UML als (nützliche und wichtige) Ergänzung und nicht als Alternative Form für eine Spezifikation zu sehen.

Wenn Diagramme ohne Verwendung der UML Syntax gezeichnet werden (z.B. freie Formen mit Powerpoint / Impress / InDesign / Visio) kann die Bedeutung der verwendeten Formen und Kanten nur vom Verfasser erklärt werden, und der Leser hat keinen sonstigen (universellen) Anhaltspunkt für das Interpretieren der Zeichnung.

UML schränkt diesen Missverständnis-Raum ein. Das heißt: Es gibt nach wie vor Missverständnisse beim Lesen der Spezifikation, aber sie beginnen weiter in der Fachlichkeit und nicht schon bei der Bedeutung einzelner Kästen auf einer Skizze.

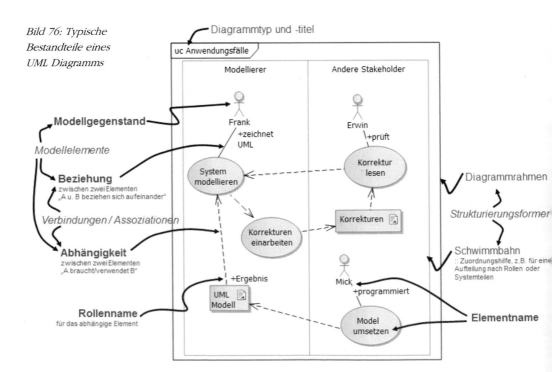

Bild 76: Typische Bestandteile eines UML Diagramms

UML stellt die Möglichkein einer gemeinsamen Sprache zwischen Kunde, Architekt und IT-Spezialist bereit durch:

- Vereinheitlichte Ideogramme für eine und dieselbe Sache

- Formalismen für Standardsituationen

Im Hinblick auf das Verbessern der Qualität von Funktionalen Spezifikationen können dabei die folgenden Ziele erreicht werden:

- Effizienz bei Kommunikation

- Erhöhen der Verstehbarkeit von Konzepten

Ziel und Bewertungsmaßstab des Verwendens von UML:

- Beim Erstellen / Lesen von UML Diagrammen verschafft man sich Klarheit über die Details eines Konzepts.

- **Wenn ein Sachverhalt durch UML nicht klarer wird, bleibt der Einsatz von UML nutzlos.**

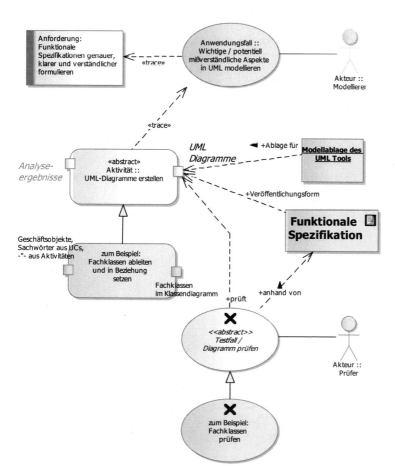

Bild 77: UML in der funktionalen Spezifikation

UML ist ein Formulierungsmittel für logische Systeme

- man kann darin Dinge kompliziert oder einfach ausdrücken.
- man kann darin Dinge kurz oder episch notieren.
- man kann darin Dinge kryptisch oder klar formulieren.

d.h. UML beinhaltet ähnliche Risiken wie die geschriebene Umgangssprache.

Lösungsansätze:

- Reduzieren der Ausdrucksformen auf allgemein bekannte Symbole
- Fokussieren auf die für den Leser wesentlichen Inhalte
- Vereinbaren von Standardformulierungen für typische Sachverhalte

Es gibt drei allgemeine (nicht UML spezifische) Gründe für das Modellieren:

- 1. Um die Stakeholder des Projekts zu **informieren**, wie das Ding, das sie entwickeln (mit dem sie arbeiten sollen / für das sie zahlen) aufgebaut sein wird. Dieser Grund ist eigenmotiviert und beinhaltet Kommunikations-, Qualitäts- und Kollaborationsziele)
- 2. Um die state-of-the-art Standards des Projekts (dokumentierte Anforderungen / dokumentierte Ergebnisse) zu erfüllen.
- 3. Um die Regelungen der Organisation (Erwartungen der Manager / der Linienvorgesetzten) zu erfüllen.

Der zweite und der dritte „Grund" sind außenmotiviert, d.h. sie stellen die Forderung nach dem Verwenden von UML als Umweltbedingung ein. Der einzige echte Grund, für den es sich lohnt Aufwand zu treiben, ist Punkt Eins, also das Informieren von Stakeholdern. Das bedeutet natürlich nicht, dass man die beiden anderen Gründe ignorieren sollte. Es wäre nicht gesund und sicherlich gibt es innerhalb der Organisation irgendeinen längerfristigen Nutzen dieser Regelungen. Dennoch sind Gründe Zwei und Drei Systembefriedigung, und sollten auch entsprechend der Nutzeneinschätzung für das eigene Projekt mit Aufwand gewürdigt werden.

Empfehlungen für das Verwenden von UML in funktionalen Spezifikationen:

- Jedes UML Diagramm muss für eine echte **Leserperson** bestimmt sein. Wenn Sie als Modellierer nicht namentlich mindestens eine konkrete Person ausmachen können, der das Diagramm etwas nützt, ist das Diagramm wahrscheinlich überflüssig.

- Behalten Sie den wahrscheinlichen Kontext und **Sichtweise** des Lesers im Hinterkopf, während Sie sich mit der Syntax und Semantik Ihres Diagramms auseinandersetzen. Es ist die Aufgabe des Modellierers, zu erreichen, dass das Modell vom Leser verstanden wird.

- Führen Sie den Leser mit einem **Geleittext**, der Bestandteil des Diagramms ist, und erklärt, wie das Diagramm zu lesen und zu verstehen ist. Erklären Sie, was das Modell ausdrückt, was es bedeutet, und was es dem Leser bringt, es sich näher anzusehen.

- Jedes Modellelement, das der Leser möglichst **missdeutungsfrei** wahrnehmen (und auf keinen Fall übersehen) soll, sollte mit einer Notiz erklärt werden, die einen breiteren Kontext zu diesem Element liefert. Zum Beispiel: "Die Abhängigkeit ::use:: zwischen den Akteuren ··worker·· und ::tool:: bedeutet, dass „Worker" mit einem oder mehreren „Tools" arbeitet, welche er aus einem gegebenen Vorrat von „Tools" auswählt." Überflüssig wäre: "::use:: bedeutet, dass ::worker:: ein oder mehrere ::tool:: verwendet" – das bringt den Leser nicht weiter beim Verstehen des Modells – es wiederholt nur die Syntax und vergeudet die Aufmerksamkeit des Lesers und das Papier, auf dem es vielleicht gedruckt wird.

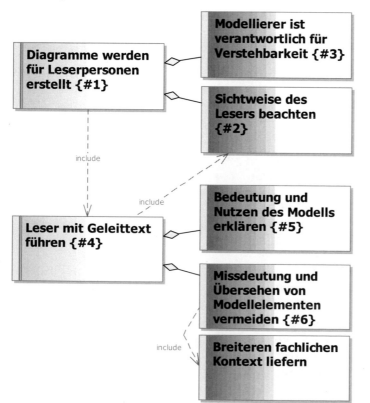

Bild 78:
Anforderungen an das
Einsetzen von UML in
funktionalen
Spezifikationen

UML stellt eine Fachsprache zur Verfügung, um Zusammenhänge exakter (als mit Umgangssprache) zu formulieren. Man muss diese Fachsprache erlernen, um sie nutzbringend zu verwenden

- UML ist eine graphische Notation (vergleichbar mit dem technischen Zeichnen aus dem Maschinenbau) zur Modellierung von logischen Systemen (~Modellierungssprache, ~domänenspezifische Sprache, ~Fachsprache).

Bild 79: Deklaration der UML als UML-Diagramm

- Eine graphische Notation ist eine Sammlung von Symbolen (~Syntax, ~Vokabular) mit (lokal) definierter Bedeutung (~Semantik). Sie dient zum Beschreiben von Sachverhalten der Zieldomäne (im Fall von UML bei der Entwicklung von logischen Systemen).

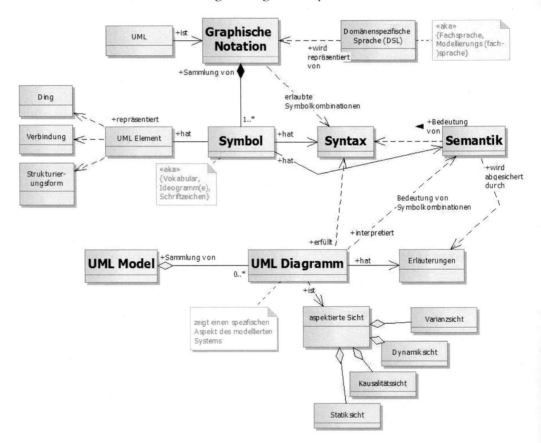

- Die Syntax definiert erlaubte Symbole und deren Kombinationen.
- Der Sinn von Symbolkombinationen wird durch die Semantik geregelt.
- Ein UML Modell ist eine Sammlung von Diagrammen, die der UML Syntax genügen. Obwohl die Semantik einzelner Symbole klar festgelegt ist, ist die Bedeutung von Symbolkombinationen im Kontext eines Diagramms interpretier-

bar; sie sollte daher durch Erläuterungen abgesichert werden.

- Ein UML Diagramm zeigt einen speziellen Aspekt des modellierten Systems. Es ist eine aspektierte (sie hat einen Blickwinkel) Sicht auf die Statik, Dynamik, Kausalität und/oder Varianz des modellierten Systems.

Das obige Diagramm kann den Leser dabei unterstützen, die Zusammenhänge der oben gemachten, umgangssprachlichen Aussagen, klarer zu verstehen.

Aber: Ohne die umgangssprachliche Beschreibung könnten Leser nicht schnell und geradeaus verstehen, was das „alleinstehende" Diagramm im Wesentlichen zum Ausdruck bringen will.

UML visualisiert Zusammenhänge, erklärt sie aber nicht. Deshalb ist eine verbale Beschreibung zu jedem Diagramm wichtig. Ein Bild sagt zwar oft mehr als viele Worte, aber ohne Worte kann ein Diagramm beliebig und damit auch falsch interpretiert werden.

UML ist nicht exakt; Semantik der UML ist nur lokal (d.h. auf Ebene der einzelnen Symbole und Verbindungen) exakt definiert (so wie bei anderen nicht-Maschinen-Sprachen: einzelne Wörter und Begriffe sind klar definiert; die Bedeutung längerer Sätze hingegen ist auslegbar). Sofern nicht MDA angewandt wird, werden aus UML Modelle keine Validierungs-Artefakte generiert; und es steht keine Referenzablaufumgebung für UML Modelle zur Verfügung (d.h. es gibt keinen UML Interpreter oder Compiler).

UML unterscheidet nicht zwischen Haupt- und Nebenpfaden bzw. zwischen Primär- und Zusatzinformationen

- Die Diagrammelemente sollten entsprechend Ihrer Wertigkeit angeordnet und (z.B. mit Schriftgröße und Farbintensität) gekennzeichnet werden
- Kernelemente optisch hervorheben
- Hilfselemente „kleingedruckt" darstellen

In UML gibt es keine Leserichtung d.h. der Leser wird nicht geführt

- Modellelemente in Leserichtung (von oben nach unten und von links nach rechts anordnen)
- Texte in großer und fetter Schrift werden zuerst gelesen, die in klein und grau zuletzt

Umfangreiche Diagramme können unübersichtlich werden. Sinnvoll ist daher das Aufteilen des Sachverhalts nach Aspekten, z.B.

mit Schwimmbahnen, mit Teildiagrammen, oder Auslagerung in eigene Diagramme.

Wenn es den Beschluss gibt, mit UML zu arbeiten, aber kein Kollaborationsmodell:

- Rollenschnittstellen für die Arbeit mit UML abstimmen

Wenn UML Diagramme erstellt und gereviewt werden, aber die Bewertungsregeln für Korrektheit und Nutzen unscharf sind:

- Regeln für Semantik und Syntax-Verwendung etablieren;
- Validierungsinstanz in Form eines Checkingtools oder einer Expertenperson schaffen

Wenn bestehende Modelle „code-like" sind, d.h. Implementierungsdetails definieren, aber den Kontext nicht erklären:

- Schwerpunkt auf Konzeptcharakter legen,
- Diagramm nur mit erklärendem Begleitdokument liefern.
- Das UML Modell ist Modellierungsplattform, kein Veröffentlichungsmedium, auch nicht als html-Report.

Im Gegensatz zu Code sind UML Modelle in der Regel nicht ausführbar, d.h. man weiß nur, was genau gemeint ist, wenn man sie so tief wie Source Code liest und Rücksprache mit dem Verfasser hält (siehe auch Validierungsinstanz).
Qualitätskriterien für Use Cases:

- Rollen und Anwendungsfälle wichtiger als Beziehungen zwischen UCs
- Keine freischwebenden UCs
- UC-Packages besser als viele includes
- Extends nur mit Bedingung
- Trace auf Anforderungen

Qualitätskriterien für Assoziationen

- Abhängigkeiten besser mit Rollenname als mit Stereotyp
- Beziehungen besser mit Rollenname als mit Beziehungsname

Qualitätskriterien für Aktivitäten

- Eingangs und Ausgangsdaten wichtiger als Verzweigungen
- Bei Robustheitsanalysen: Informationsgruppen und Aktionen wichtiger als einzelne Felder

- Input und Output an jeder Aktion
- Zusätzliche Steuergrößen als Abhängigkeiten kennzeichnen
- Alternative Steuergrößen-Ergebnisse besser als Verzweigungen
- Trace auf UCs

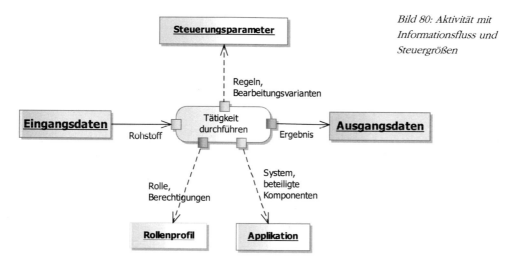

Bild 80: Aktivität mit Informationsfluss und Steuergrößen

Qualitätskriterien für Schnittstellenmodelle

- Schnittstellenmethoden wichtiger als strukturelle Beziehungen
- Nachrichtenfluss wichtiger als Parameter
- Schnittstellenrichtung deklarieren
- Bezug zum fachlichen Service aufzeigen
- Methoden als Aktivitäten ausformulieren
- Sequenzdiagramme für mehrstufige Schnittstellenprozesse

Qualitätskriterien für Objekte / Klassen

- Fachliche Inhalte wichtiger als Datentypen
- Zustandsphasen von Objekten wichtiger als Bedatung
- Trace auf UCs / Aktivitäten / Geschäftsobjekte
- Fachlich typisierte Attribute und Methoden

Kriterien für Abstraktionsebenen:

- Packages strukturieren das Modell in Module / Namensräume
- Klassen repräsentieren Arten von Objekten

- Objekte repräsentieren konkrete Exemplare einer Klasse
- Artefakte sind persistierte Objekte, die über die Grenzen der Anwendung transportiert werden.

Bild 81: Verwendung von Abstraktions- ebenen in UML

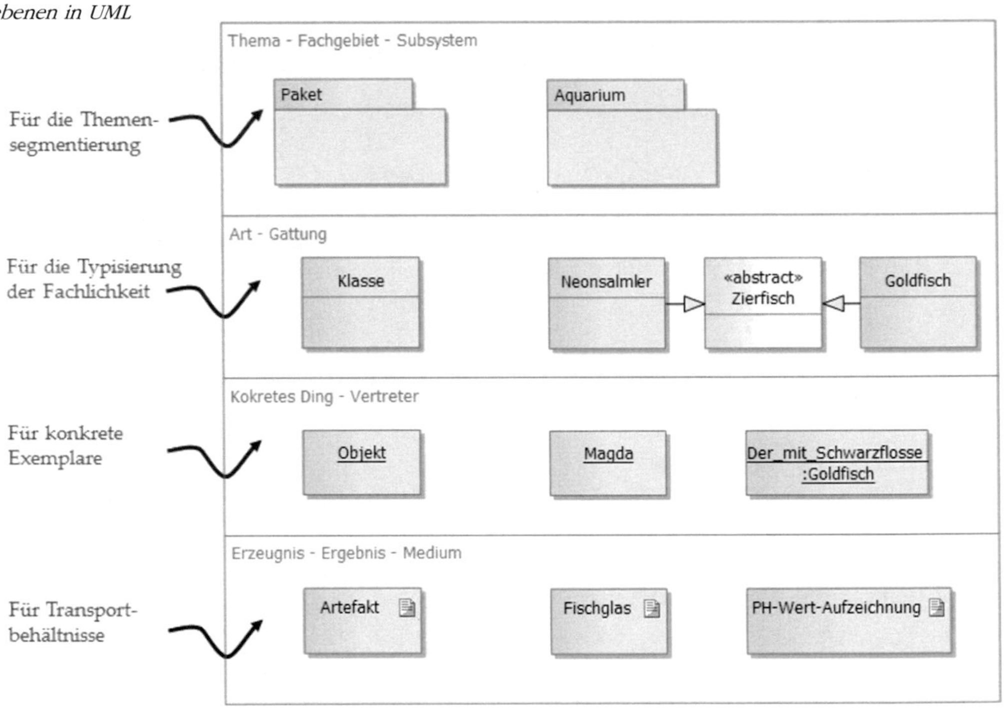

Sichtempfehlung auf Nutzen und Risiken für nicht-MDA- und nicht-Reverse-Engineering Projekte

- UML ist ein Kommunikationsmittel, und keine Programmiervorlage (sondern eine aspektierte Vertiefung der funktionalen Spezifikation).
- UML ist ein Visualisierungsmodell und ein semantisches Hilfsmittel, jedoch kein vollständiges Konzeptmedium, und nicht mathematisch exakt.
- UML Diagramme bieten eine Anleitung zum Systemverständnis, jedoch keine Konstruktionsanleitung für den Baus der Softwarelösung in der Zielplattform.
- UML Diagramme bieten eine Plattform für die Koordination des Vokabulars und des „Weltbilds" im Projektteam, sind jedoch kein Definitionsmedium für alle Objekte der technischen Realisierung.

- UML bietet eine nützliche Formulierungstechnik für konkrete Sachverhalte, ist jedoch kein Strkturierungshilfsmittel und keine Anleitung zum Erfolg.

Abgrenzung der Modellebenen

Leitfragen:

- Was soll in UML modelliert werden? (d.h. welche Systemaspekte werden sinnvollerweise im Konzept mit UML Modellen unterlegt)
- In welcher Detailtiefe soll modelliert werden? (d.h. wie nah an der technischen Umsetzung)

Analyse :: Anforderungsmodell

- Was macht das System – und was macht es nicht?
- Nutzfälle / Prüffälle
- Gegenstände / Beziehungen / Abhängigkeiten
- Vorgänge / Zustände
- Eingangsprodukte, Ergebnisse, Systemgrenzen
- Stakeholder, Kernziele/Abgrenzung, fachliche Services, Geschäftsobjekte, Architekturvorgaben, Anforderungen, Akteure, Use Cases, Nutzungsarchitektur,, Vorgänge, Fachklassen

Architektur :: Architekturmodell

- Wie ist das System aus Außensicht aufgebaut?
- Wo muss die technische Umsetzung der Außensicht folgen?
- Wo muss die Außensicht den technischen Restriktionen folgen?
- Komponenten / Bebauungslandschaft
- Externe Schnittstellen / Artefakte
- Technische Auswirkungen zentraler Verwendungsaspekte
- Mengengerüste / Zeitkritische Algorithmen
- Fachliche Subsysteme, technische Komponenten, angebotene und genutzte Dienste

Entwurf / Spezifikation :: Implementierungsmodell

- Wie erfüllt das System seine Aufgaben intern?
- Interne Schnittstellen
- Klassenhierarchie

- Datenformate
- Ereignissteuerung, Datenmodell, technische Abläufe, Schnittstellenprotokolle, Systemschichten

3.3   Änderungsanforderungen und Änderfehler

Sobald eine Funktionale Spezifikation, ein Prototyp oder eine erste Version der Anwendung vorliegt, regnet es Änderungsanforderungen (vgl. Abschnitt „Konzepte versus Change Requests" im Kapitel „Design und Redesign").

Eine Änderungsanforderung ergibt sich meist aus einer Problemmeldung, bei der dann festgestellt wird, dass z.B. eine neue Anforderung vorliegt, welche in der aktuellen Software nicht berücksichtigt wird. Ein Change Request hat am Anfang seines Lifecycle also Issue-Charakter und bekommt später Spezifikations-Charakter. CR ist also ein Zwischenstadium.

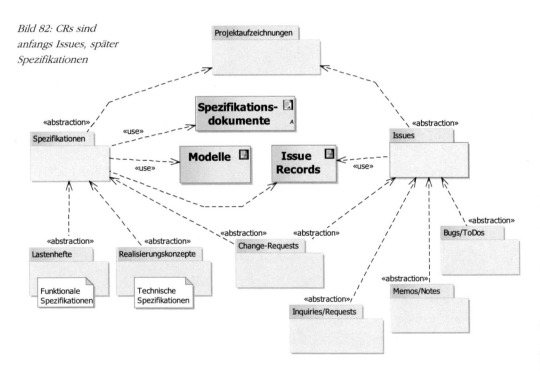

Bild 82: CRs sind anfangs Issues, später Spezifikationen

Zur Verwaltung von Änderungsanforderungen gibt es viele unterschiedliche Systeme. Entscheidend ist nicht das Werkzeug (die verschiedenen Aufgabenverfolgungstools haben einen vergleichbaren und mehr oder minder gleichen Leistungsumfang), sondern wie die Änderungsanforderung „gelebt" wird.

Aus meiner Sicht hat sich der folgende Lebenszyklus einer Änderungsanforderung in der Praxis bewährt:

Bild 83: Life Cycle einer Änderungsanforderung

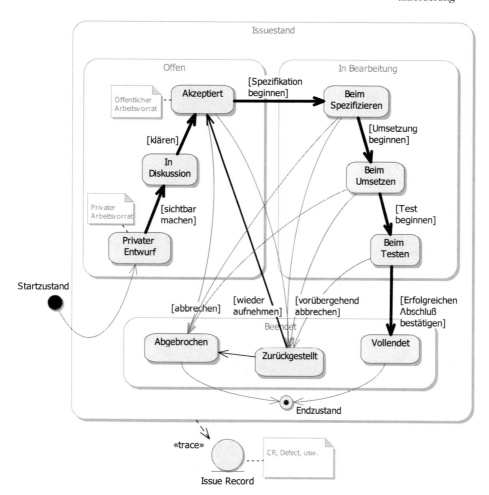

- 1. Privater Entwurf
  Die Anforderung ist noch nicht vorgelegt.

- 2. In Diskussion
  Die Anforderung wurde vorgelegt und wird bewertet.

- 3. Akzeptiert
  Die Anforderung wurde akzeptiert, d.h. es besteht Einigkeit darüber, dass sie zweckmäßig ist. Weitere Umsetzungsplanung ist noch nicht erfolgt, d.h. die Anforderung befindet sich im Arbeitsvorrat, es wurde jedoch noch kein konkreter Umsetzungsweg und –Termin festgelegt.

- 4. Beim Spezifizieren
  Die Lösung der Anforderung wird spezifiziert.

- 5. Beim Umsetzen
  Die spezifizierte Lösung wird umgesetzt.

- 6. Beim Testen
  Die umgesetzte Lösung wurde vorgelegt und wird (durch den Anforderungssteller) geprüft.

- 7a Vollendet
  Die Anforderungslösung ist bestätigt worden. Das Thema ist erledigt.

- 7b Abgebrochen
  Die Lösung der Anforderung wird nicht weiter verfolgt.

- 0 Zurückgestellt
  Die Anforderung wurde zurückgestellt und die Lösung wird zu einem späteren Zeitpunkt wieder aufgenommen.

- 0 Notiz
  Dokumentierte Anmerkung, jedoch keine Anforderung im obigen Sinn.

Zur Beschreibung einer Änderungsanforderung gehören insbesondere folgende Punkte:

- 1. Ist: Aktuelles Verhalten des User Interface, auf das Bezug genommen wird; Ausgangssituation, auf die sich die Anforderung bezieht, ggf. das Problem, das der Anwender dabei hat.

- 2. Soll: Die Zielsituation; Gewünschtes Verhalten des User Interface, d.h. die Situation, die vorliegen soll, nachdem das Problem gelöst ist.

- 3. Lösung: Der Lösungsansatz, der nach Vorstellung des Anforderungstellers von Ist zu Soll führt.

Bild 84: Ein Issue-Tracker

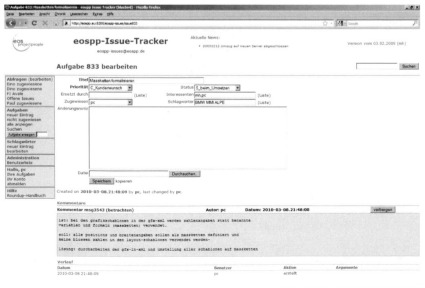

Das obige Bild zeigt ein typisches Trackingtool für Aufgaben, Problemmeldungen und Änderungsanforderungen. Oft werden diese Themen richtigerweise gemeinsam über ein Tool abgewickelt, weil sich erst im Verlauf der weiteren Bearbeitung herausstellt, ob es sich um einen Fehler, eine Bearbeitungsnotiz, ein HowTo oder um eine Innovation am System handelt.

Typischerweise beziehen sich Änderungsanforderungen auf einen bestimmten Stand (Version) der bereits vorhandenen Applikation und haben eine Vielzahl weiterer Attribute, z.B. gewünschter Realisierungstermin, verantwortlicher Bearbeiter, Lösungsskizzen, usw. Eine gute Kommunikation des Issue-Workflows und eine Qualitätssicherung der Issue-Inhalte entscheidet darüber, wie gut ein solches Instrument funktioniert.

Änderungsanforderungen werden idealerweise „offiziell" als Change Request ins Projekt eingebracht. Da dies in kommerziellen Projekten in der Regel Geld kostet, gibt es verschiedene „verdeckten" Erscheinungsformen von CRs, z.B.

- „Änderbugs" – In einem Bugreport wird nicht der Fehler im Verhältnis zum spezifizierten Sollverhalten, sondern eine Änderung am Sollverhalten beschrieben.

- „Spezifikationsfehler" – Sofern die Spezifikation nachweislich nicht die Anforderungen abdeckt, kann dies zu einer umfassenden Überarbeitung verschiedener Teile des UI führen, ohne dass der Umfang und Inhalt der Änderungen durch einen CR eingegrenzt ist.

Was passiert, wenn der Kunde z.B. in der Testphase bemerkt, dass er sich das Eine oder Andere doch nicht so vorgestellt hat? Wie geht man damit um? In der Praxis werden die Änderungen wegen Zeitdruck oft noch umgesetzt (sofern das Projektbudget ausreichend Puffer enthält). Leider wird das nachträgliche konsequente Anpassen der Spezifikation an den Ist-Stand des Produktes vernachlässigt. Das führt nach Abschluss des Projektes und Rollout der Software oft zu Problemen, wenn durch den Kunden

- A :: Fehler gemeldet werden, die die nachträglichen Änderungen betreffen.

- B :: Weitere (kleinere) Change Requests beauftragt werden.

Zu A: Dann fängt die Suche in der Spezifikation an, weil die momentane Lösung ja so gewollt war, aber leider im Projekt nicht nachdokumentiert wurde, aus welchen Gründen auch immer (IST-Zustand weicht vom ursprünglichen SOLL-Zustand ab).

Zu B: Vorhandene Funktionen sollen geändert oder erweitert werden, deren Ursprung aber nirgendwo festgehalten wurde.

Die Herausforderung, nachzuvollziehen, warum eine Funktion ursprünglich ganz anders geplant bzw. spezifiziert war und heute anders implementiert ist, kann im Nachhinein viele Fragen aufwerfen und die Recherche nach dem „Warum?" aufwendig und nervenaufreibend machen.

Deswegen sollten Abweichungen vom ursprünglichen Konzept sowohl während der Projektlaufzeit als auch danach in der Spezifikation immer konsequent nachgepflegt werden, damit Änderungen zu jedem Zeitpunkt nachvollziehbar sind und so zukünftige Erweiterungen oder Fehlermeldungen keinen zu großen Analyseaufwand nach sich ziehen.

3.4   Style Guide aka Anzeige- und Bedienkonzept

Die Regeln zur Anordnung und zur (generellen) Wechselwirkung der Bedienelemente auf verschiedenen Panelformen werden in der Regel in einem Styleguide bzw. in einem Anzeige- und Bedienkonzept festgelegt.

Ein Styleguide ist kein Entwurf der Anwendung selbst, sondern ein Regelwerk für das Anzeige- und Bedienkonzept der Anwendung.

Ein Anzeige- und Bedienkonzept beinhaltet im Wesentlichen die folgenden Aspekte und Antworten auf folgende Fragen:

- „Look and Feel", d.h. Erscheinungsbild der Applikation
- Bedienmetapher, d.h. Wie kann sich der Benutzer das Arbeiten mit der Applikation vorstellen?
- Bedienprinzip, d.h. wie werden grundsätzliche Bedienschritte, z.B. Navigation und das Auswählen von Objekten in der Applikation umgesetzt?

Der Nutzen eines Anzeige- und Bedienkonzepts bzw. eines Styleguide ist, dass es Leitplanken für den Aufbau der Anwendungsoberfläche festlegt. Mit einem Styleguide wird ein verbindliches und gemeinsames mentales Model vom Look und Feel der Applikation geschaffen. Dies schränkt einerseits den Gestaltungsspielraum der Entwickler ein, andererseits hilft es aber zu vermeiden, dass die Applikation gleich geartete Anwendungssituationen mit unterschiedlichen Mitteln umsetzt.

Eine „Hundertwasseranwendung", bei der jedes Fenster anders aussieht und anders funktioniert schafft kein Vertrauen beim Anwender. In der Regel will dieser ja nicht auf Entdeckungstour gehen, sondern braucht ein durchgängiges Werkzeug zum Erledigen einer Sachaufgabe.

Die Akzeptanz einer Anwendung hängt wesentlich von der ergonomischen und konsistenten Gestaltung der Benutzerschnittstelle ab.

Der erste Eindruck zählt. Der zweite auch. Ein Style-Guide bedient beide Eindrücke, indem es ein grundlegendes „Look and Feel" der Applikation festlegt.

Durchgängigkeit ist ein Usability-Faktor. Der Nutzen des Anwendungs-Style-Guide besteht in der Schaffung der Grundlage für durchgängige Dialogführung und Erscheinungsbild.

Ein Styleguide (auch: Gestaltungsrichtlinie) beschreibt, wie bestimmte Elemente eines Druckerzeugnisses oder einer Website zu gestalten sind. Diese Richtlinien sollen ein einheitliches Erscheinungsbild verschiedener Kommunikationsmittel einer Institution oder Firma, z. B. Werbe- und Informationsmaterial, Geschäftsbriefe oder Internetauftritte, gewährleisten.

Bei Software legt ein Styleguide (auch „Anzeige- und Bedienkonzept" genannt) fest, welche Bedienelemente verwendet werden, wie sie auf Dialogseiten angeordnet werden und auch, wie die Dialogseiten in der Anwendung verankert sind.

Beispiel: Stylguide Skizze für einen Anwendungsrahmen

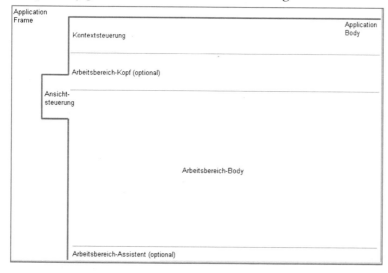

Bild 85: Styleguide Anwendungsrahmen

Ein Anwendungsrahmen enthält kontextabhängige und nicht kontextabhängige Elemente zur

- Darstellung von Informationen über die Applikation (Identification)
- Darstellung von Rückkopplungs-Informationen Interaktionen (Notification)
- Dienste- und Workflowsteuerung (Navigation)

Bild 86:
Anwendungsrahmen
mit Inhalten

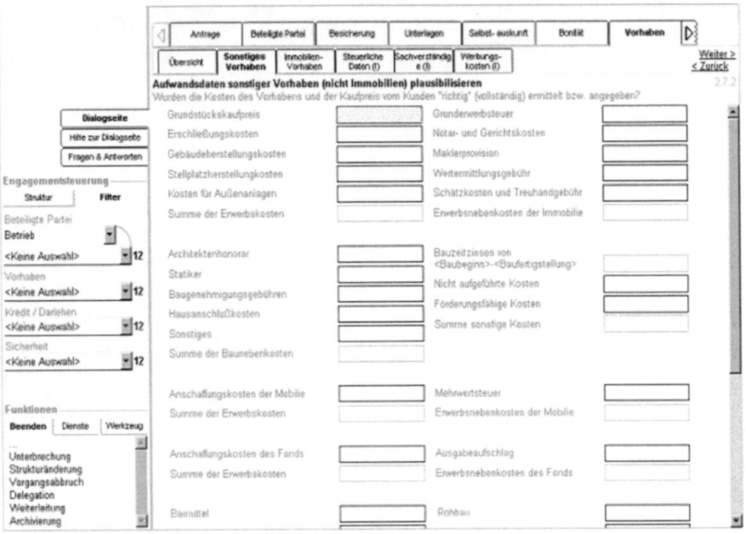

Beispiel: Funktionsweise von "Weiter" und "Zurück" Schaltflächen

- "Weiter" wechselt zum logisch nächsten Arbeitsschritt im geöffneten Vorgang

- Hat ein optional im Bearbeitungsfluss befindlicher Prozessschritt keinen Inhalt, dann wird dieser beim Klicken auf "Weiter" übersprungen.

- Hat ein optional im Bearbeitungsfluss befindlicher Prozessschritt einen Inhalt, dann wird dieser beim Klicken auf "Weiter" wie ein normaler (im Bearbeitungsfluss befindlicher) Prozessschritt angesteuert.

- "Zurück" wechselt zum logisch vorhergehenden Arbeitsschritt im geöffneten Vorgang.

- Hat ein optional im Bearbeitungsfluss befindlicher Prozessschritt keinen Inhalt, dann wird dieser beim Klicken auf "Zurück" übersprungen.

- Hat ein optional im Bearbeitungsfluss befindlicher Prozessschritt einen Inhalt, dann wird dieser beim Klicken auf "Zurück" wie ein normaler (im Bearbeitungsfluss befindlicher) Prozessschritt angesteuert.

Anwenderführung durch Schriftbild und Farben

Layout und Skin

Layout der Dialogfelder, Farbe, Schriftgröße und Schriftstärke beeinflussen, wohin die Aufmerksamkeit des Anwenders gelenkt wird.

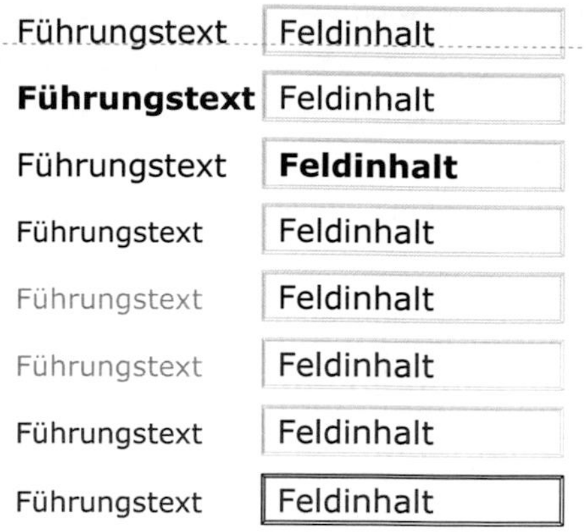

Führungstext	Feldinhalt
Führungstext	Feldinhalt
Führungstext	**Feldinhalt**
Führungstext	Feldinhalt
Führungstext	Feldinhalt
Führungstext	Feldinhalt
Führungstext	Feldinhalt
Führungstext	Feldinhalt

Bild 87: Führungstexte und Felder

- Wenn die Führungstexte fett sind, muss man sich an ihnen vorbei zu den Feldern und ihren Inhalten „durchgucken".

- Fett gedruckte Feldinhalte haben eine größere Laufweite als in Normalschrift, daher ist es Platz sparend, die Führungstexte in einer kleineren Schrift als die Feldinhalte anzuzeigen.

- Rote Führungstexte können angebracht sein, wenn es sehr wichtig ist, dass sie genau gelesen werden, in diesem Fall sollte auch der dazugehörige Feldinhalt in rot angezeigt werden.

- Für die normale Darstellung empfehle ich Ihnen mittel- bzw. dunkelgraue Führungstexte (gut sichtbar und zugleich im Hintergrund) sowie dunkelblaue Feldinhalte (Blaue-Tinte-Metapher).

Dialoge haben oft einen grauen Hintergrund. Die Felder selbst haben üblicherweise einen weißen Hintergrund, sofern sie nicht „disabled"/"blindgeschaltet" sind.

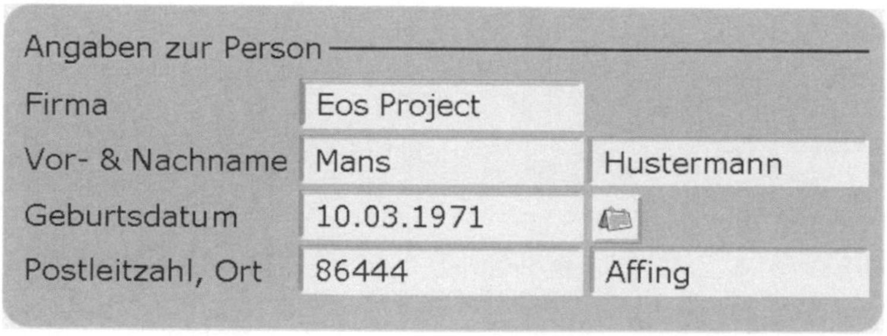

Angaben zur Person		
Firma	Eos Project	
Vor- & Nachname	Mans	Hustermann
Geburtsdatum	10.03.1971	📖
Postleitzahl, Ort	86444	Affing

Bild 88: Grauer Dialoghintergrund

Die Sache mit dem grauen Dialoghintergrund geht gewissermaßen auf eine technisch bedingte „Tradition" zurück. Bevor die Bildschirmröhre durch weitgehend flackerfreie LCD Displays abgelöst wurde, war ein weißer Hintergrund für die Augen ermüdend: Er flackerte, weil die Bildschirme bzw. Grafikkarten eine zu niedrige Bildwiederholfrequenz hatten. Bei aktuellem

Stand der Technik entfällt diese ergonomische Restriktion, dennoch sind graue Dialoge nach wie vor weit verbreitet.

Der Hintergrund soll sich schon seines Namens wegen nicht in den Vordergrund drängen. Ein grauer Hintergrund ist weitgehend neutral. Ein weißer Hintergrund fällt aber noch weniger auf:

Bild 89: Weißer Dialoghintergrund

Angaben zur Person

Firma	Eos Project	
Vor- & Nachname	Mans	Hustermann
Geburtsdatum	10.03.1971	
Postleitzahl, Ort	86444	Affing

Das als Farbe wieder gewonnene Grau kann bei weißem Hintergrund als Farbe für Rahmen und Führungstexte eingesetzt werden.

Bild 90: Weißer Hintergrund, grauer Rahmen

Angaben zur Person

Firma	Eos Project	
Vor- & Nachname	Mans	Hustermann
Geburtsdatum	10.03.1971	
Postleitzahl, Ort	86444	Affing

Üblicherweise werden die Felder eines Formulars in Gruppen angeordnet und in Spalten ausgerichtet. Programmierer sind systematische Menschen, und machen gern alle Felder gleich groß, damit das Formular recht ordentlich aussieht: Die Dialogseite hat eine klare geometrische Form.

Wenn sich die Größe der Felder nach dem erwarteten Inhalt richtet, ist die Geometrie weniger klar. Dafür ist es leichter, das Feld für die Postleitzahl von dem für den Ortsnamen zu unterscheiden.

Bild 91: Am Inhalttyp orientierte Feldbreiten

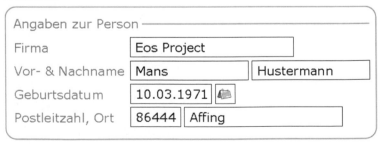

Gängige Inhaltstypen (z.B. Beträge, Datumsangaben, Adresszeilen, etc.) haben durch durchgängige Feldbreiten eine hohe Wiedererkennbarkeit.

Wenn die Führungstexte rechtsbündig an den Feldern „kleben", hat man am linken Rand der Dialogseite einen Flatterrand. Dafür sind die Zeilen leichter zu lesen und zusammen zu behalten.

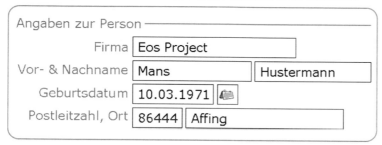

Bild 92:
Rechtsbündige
Führungstexte

Die einzelnen Zeilen sind ohne Lücken zwischen Führungstexten und Feldern leichter zu lesen.

Runde Ecken bei Eingabefeldern helfen, ein insgesamt „unkantiges" Bild zu erreichen.

Bild 93: Felder mit
runden Ecken

Die Kalenderfunktion gehört funktionell zum Datumsfeld, man kann sie daher (analog zu einer Dropdownliste) in das Datumsfeld integrieren, statt eine eigene Schaltfläche mitzuführen.

Ergonomisch optimierte Version:

Bild 94: Verkleinerte
Führungstexte

Nimmt man für die Führungstexte eine kleinere Schrift als für die Datenfelder, dann sind die Inhalte automatisch in den Vordergrund der Aufmerksamkeit verschoben.

Feldgruppen mit gleichem Inhalt sollten in gleicher Weise angeordnet sein (z.B. Adressangaben, Vorgangsinformationen). Das
fördert das Wiedererkennen von Strukturen durch den Anwender. Felder mit gleicher Bedeutung sollten gleich beschriftet sein
und gleiche Breite haben. Oft muss dabei zwischen Pflichtfeldern, Kannfeldern und berechneten Feldern unterschieden werden können.

Bild 95: Kennzeichnen
von Pflichtfeldern

Der Führungstext (Label) eines Formularfeldes kann in einer
eigenen Labelspalte, direkt vor dem Feld, hinter, über oder unter
dem Feld stehen. Über und unter dem Feld sowie in der Labelspalte kann das Label linksbündig, zentriert oder rechtsbündig
ausgerichtet sein.

Bild 96: Verschiedene
Label-Positionen

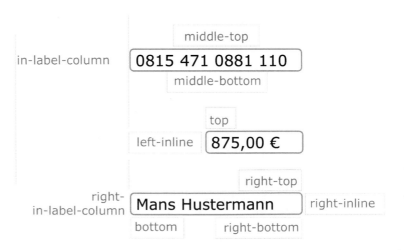

In bestimmten Dialogsituationen, z.B. bei Netto-Brutto-Angaben,
oder beim Erfassen von Angaben zu mehreren Personen, z.B. zu
Ehepartnern kann es notwendig werden, diese Spezialanordnun-
gen von Führungstexten zu verwenden.

In der Regel stehen Führungstexte links vor den Feldern, und sowohl die Führungstexte als auch die Felder selbst sind jeweils an der gleichen x-Position ausgerichtet.

In der Praxis trifft man auch Führungstexte an, die durchgängig über oder unter den Feldern angezeigt werden. Damit spart man Platz in der Horizontale. In der Vertikale wird davon aber mehr verbraucht.

Bild 97: Führungstexte über Feldern

Für eine nachvollziehbare, konsistente und am Inhalt ausgerichtete Darstellung können Oberflächenelemente entsprechend ihrer Verwendung in Klassen eingeteilt werden.

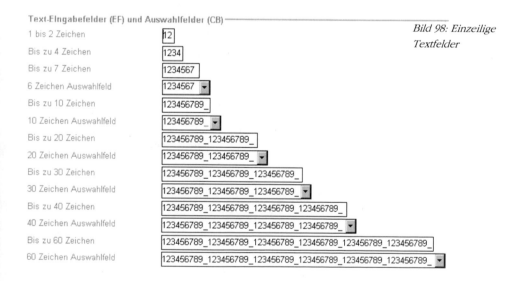

Bild 98: Einzeilige Textfelder

Klassifizierung für mehrzeilige Textfelder

Bild 99: Mehrzeilige Textfelder

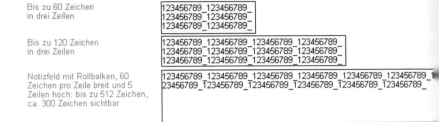

Bis zu 60 Zeichen in drei Zeilen

Bis zu 120 Zeichen in drei Zeilen

Notizfeld mit Rollbalken, 60 Zeichen pro Zeile breit und 5 Zeilen hoch: bis zu 512 Zeichen, ca. 300 Zeichen sichtbar

Bild 100: Felder für Spezialformate

Klassifizierung für Spezialfelder

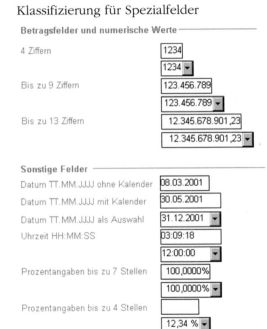

Betragsfelder und numerische Werte

4 Ziffern

Bis zu 9 Ziffern

Bis zu 13 Ziffern

Sonstige Felder

Datum TT.MM.JJJJ ohne Kalender

Datum TT.MM.JJJJ mit Kalender

Datum TT.MM.JJJJ als Auswahl

Uhrzeit HH:MM:SS

Prozentangaben bis zu 7 Stellen

Prozentangaben bis zu 4 Stellen

Gängige Spezialformate sind: Beträge, Prozentangaben, Datum, Uhrzeit, Telefonnummer, Postleitzahl, Kontonummer, Bankleitzahl, Kreditkartennummer-

Bild 101: Checkboxen und Radiobuttons

Weitere Ein- und Ausgabefelder

Ankreuzfeld
(Ankreuzfelder sind immer Kannfelder)

Radio-Auswahlfeld
(Radio-Auswahlfelder sind immer Mussfelder)

Bild 102:
Auswahlfelder

Listen-Auswahlfeld

Eintipp-Eingabefeld	Auswahl 1
Aufklapp-Auswahlfeld	Auswahl 1
Listen-Auswahlfeld 2-zeilig	Auswahl 1 / Auswahl 2
Listen-Auswahlfeld 3-zeilig	Auswahl 1 / Auswahl 2 / Auswahl 3
Listen-Auswahlfeld 5-zeilig	Auswahl 1 / Auswahl 2 / Auswahl 3 / Auswahl 4 / Auswahl 5
Deaktiviertes Listen-Auswahlfeld	Auswahl 1 / Auswahl 2

Zeilenhöhe: Um doppelzeilige Führungstexte für alle Felder zu ermöglichen, könnte die Höhe der Zeilen im Arbeitsbereich generell auf doppelzeilige Führungstexte ausgerichtet werden.

Listen bzw. Tabellen ermöglichen die Darstellung und Auswahl von zusammengesetzten Daten. Eine Liste bzw. Tabelle ist ein komplexes interaktives Element, welches in verschiedenen Ausprägungen vorkommen kann.

Zwischen Listen und Tabellen besteht kein genereller Unterschied. Eine Liste ist eine Tabelle mit nur einer Spalte. Eine Tabelle ist eine mehrspaltige Liste. Ich verwende daher den Begriff "Liste" (in Anlehnung an "ListBox") und Tabelle synonym.

Folgende Merkmale bestimmen die Ausprägung einer Liste

- Anzahl der Spalten und Zeilen
- Funktionale Ausprägung (z.B. mit Auswahlfeld, Ausgabe-Übersicht, Auswahl-Übersicht, Eingabe-Kontrolle)
- Selektionsmöglichkeit für einen Eintrag zur Bearbeitung
- Selektionsmöglichkeit für mehrere Einträge zur Bearbeitung
- Möglichkeit des Auslösens von Aktionen (z.B. Detailansicht von Listeneinträgen)

Ausgabe-Übersichts-Liste

Ausgabeliste-Beispiel

Spalte 1	Spalte 2	⇳ Spalte 3 und 4	Spalte 5 (Erläuterung)
Inhalt Zeile 1	Inhalt A	99 DEM	Inhalt der Zelle, Zeile 1
Inhalt Zeile 2	Inhalt B	999 EUR	Inhalt der Zelle, Zeile 2
Inhalt Zeile 3	Inhalt C	123.456 ST	Inhalt der Zelle, Zeile 3
Inhalt Zeile 4	Inhalt D	234 THX	Inhalt der Zelle, Zeile 4
Inhalt Zeile 5	Inhalt E	222 SF	Inhalt der Zelle, Zeile 5

⇟ : Sortierung in alphabetischer Reihenfolge bzw. numerisch aufsteigend

⇞ : Sortierung in umgekehrter alphabetischer Reihenfolge bzw. numerisch absteigend

Bild 103: Listen bzw. Tabellen-Widgets

Nur das aktive Feld (Feld mit Input Focus) sollte besonders markiert sein. Auf dem Bildschirm darf nur ein Feld den Input Focus haben.

Schaltflächen werden verwendet, um analog einem Schalter (z.B. Lichtschalter) eine Aktion auszulösen. Das Ergebnis der Betätigung der Schaltfläche ist ein Ereignis, in dessen Folge die durchzuführende Aktion und die daraus eventuell resultierende Statusänderung in der Software.

Übersicht der gültigen Schaltflächenzustände-Kombinationen, welche bei der Darstellung von Schaltflächen in der Anwendungsoberfläche wiedergegeben werden müssen.

- Aktivierbar (enabled)
- Deaktiviert (disabled)
- Aktiv (focussed)
- Gedrückt (pressed)

Dialog-Schaltfläche: Aufruf von Funktionen, welche den Wechsel des aktuellen Arbeitsschritts zur Folge haben (Es erfolgt ein Seitenwechsel)

Detail-Schaltfläche: Aufruf von Funktionen, welche nicht den Wechsel des aktuellen Arbeitsschritts zur Folge haben. (Kein Seitenwechsel)

Farben

Wahl der Farben

Welche Farben aus der Farbenpalette sollen für welche Oberflächenelemente verwendet werden?

Welche Standarddefinitionen werden zur Festlegung der Farbattribute von Oberflächenelementen zugrundegelegt?

Wenn Sie für eine Bank arbeiten, haben Sie möglicherweise ein Corporate Identity Styleguide, der Ihnen vorschreibt, alle Schaltflächen in giftgrün, Dialoghintergründe in Hellblau oder Führungstexte in Ampelrot zu gestalten. In diesem Fall haben Sie keine Wahl, weder bezüglich der Farben, noch bezüglich der Typografie. Überspringen Sie dann einfach diese Abschnitte. Oder lesen Sie sie durch wie einen Bericht aus einem fernen, exotischen Land, das es vielleicht gar nicht gibt.

Farbgebung: Rot ist eine Signalfarbe, sollte nur verwendet werden, wenn man ein Signal geben will, nicht um z.B. Abbrechen-Buttons zu kennzeichnen.

Grün und Gelb sind ebenfalls Signalfarben.

Fettschrift: Diese Dinge liest man zuerst (Wenn man Beschriftungen von Dialogfeldern und Tabellenköpfe fett macht, lenkt man von den Inhalten ab)

Bei der Farbvergabe ist die Farbkonsistenz bezüglich der vier Gruppen von Oberflächenelementen zu beachten. Desweiteren ist die Farbsemantik bezüglich der Elemente zu berücksichtigen und die Verwendung von Signalfarben zu beschränken. Die vier semantischen Elementgruppen und die für diese Gruppen empfohlene Farbenzuordnung ist untenstehend aufgeführt.

Für Eingabeelemente und Detail-Schaltflächen:

- Pastellfarben für den Hintergrund (am besten weiß),
- Leichte farbliche Hervorhebung für Muß-Felder, jedoch keine Signalfarben
- Markierung des aktiven Feldes mit einer Signalfarbe
- Zum Hintergrund kontrastierende Schriftfarbe
- Führungstexte in gleicher Farbe wie die Schriftfarbe des Eingabefeldes, oder in Farbintensität zurückgestuft (z.B. dunkelgrau)

Für Ausgabelfelder:

- Hintergrundnahe Farben für den Hintergrund,
- Zum Hintergrund kontrastierende Schriftfarbe
- Keine Signalfarben

Für Layoutelemente (gestaltende Grafiken und Texte)

- Pastellfarben, kontrastarme Grafische Elemente, keine Signalfarben
- Kontrastarme Schrift

Navigationselemente (Navigations-Schaltflächen, Links)

- Kontrastarme Hintergrundfarben
- Konrastreiche Schrift

Signalfarben (rot, grün, gelb) sind bei Bildschirmformularen grundsätzlich zu vermeiden und bei gezieltem Einsatz (z.B. aufgrund von dokumentierten Anwenderforderungen) sparsam zu verwenden. Begründung: Ist auf einer Bildschirmseite mehr als ein Element mit einer Signalfarbe gekennzeichnet, dann verliert die Signalfarbe ihre beabsichtigte Wirkung und die Seite wird unübersichtlich. Inhaltsgerichtete Verwendung von Farben erleichtert die Nutzung der Anwendung. Die Aufmerksamkeit des Betrachters wird auf den Inhalt des Bildschirms, statt auf das Drumherum gelenkt.

Signalfarben vermeiden

Richtlinien zur Typografie

Schrift

Welche Text beinhaltende Oberflächenelemente gibt es ?

Welches typografische Erscheinungsbild ist für diese Oberflächenelemente festgelegt ?

Welche Schriftarten (Font/Größe) werden für welche Oberflächenelemente verwendet?

Welche Schriftattribute - Fett/Kursiv/Unterstrichen - werden für welche Oberflächenelemente verwendet?

- Das gleichzeitige **Verwenden** von verschiedenen *Schriftarten* macht das Schriftbild unruhig.

- Das *gleichzeitige* *Verwenden* von Unterstreichen, **Fettschrift** und *Kursivschrift* macht das Schriftbild auch **unruhig**.

Gleichzeitige Verwendung von verschiedenen Schriftarten vermeiden (One Font-Face Only). Verschiedene Schriftarten weisen verschiedene Laufweiten, Serifenführung und Bilddichte auf. Das Auge muß sich beim Wechsel der Schriftart umstellen. Dadurch wirkt die Darstellung der Seiteninhalte, auf die sich der Benutzer konzentrieren können soll, unnötig unruhig. Auf explizite Zuweisung der Schriftart verzichten (Im Browser eingestellte Schriftart verwenden)

Die explizite Zuweisung der Schriftart ist insbesondere dann überflüssig, wenn ohnehin nur eine Schriftart verwendet wird. Durch die wiederholte Zuweisung der Schriftart steigt der Speicherbedarf einer HTML-Seite um bis zu 30%. Entsprechend steigen auch die Netzbelastung und die Übertragungszeit. Durch Verwendung von Cascading Style Sheets läßt sich dieser Effekt eingrenzen. Am effektivsten ist es jedoch, ganz auf explizite Zuweisung von Schriftarten der Art "<FONT FACE="Arial Narrow"> ... </FONT>" zu verzichten. Damit bleibt die HTML-Seite klein und flexibel. Die Einstellung der von der Anwendung verwendeten Standard-Schriftart ist fest im Browser-Client vorzunehmen.

- Unterstreichungen vermeiden (Verwechslungsgefahr mit einem Hyperlink)

Texte, welche unterstrichen sind, haben in Browserumgebungen die Bedeutung eines Hyperlinks. Ein Hyperlink wirkt wie eine Schaltfläche: es wird eine neue Seite aufgerufen oder eine Funktion ausgelöst. Um Verwechslungen und Irritationen zu vermeiden, darf das Attribut "unterstrichen" nicht zur Hervorhebung von Wörtern oder Textpassagen verwendet werden.

- Kursive Schrift vermeiden (kursive Schrift ist auf dem Bildschirm schwerer lesbar als gerade Schrift)

Text, welche kursiv sind, sind schlechter lesbar als gerade Schrift. In Kombination mit gerader Schrift führen kursive Wörter und kursive Textpassagen zu einem unruhigen Schriftbild.

- **Fettschrift** zur Hervorhebung von Wörtern und Textpassagen verwenden (Ein klares Hervorhebungsmerkmal)

Fettschrift ist gut lesbar und fügt sich gut in das Schriftbild ein. Statt der Attribute "unterstrichen" und "kursiv" reicht es aus, ausschließlich das Attribut "fett" zur Hervorhebung von Wörtern und Textpassagen zu verwenden.

- Verschiedene Schriftgrößen vermeiden (Standardschriftgröße verwenden)

Eine typische Standardschriftgröße ist die 10-Punkt-Schrift. Die Standardschriftgröße wird für alle Textelemente der Anwendung verwendet, sofern nicht durch Ausnahmefestlegung anders für einzelne Elementklassen festgelegt. Eine Ausnahmefestlegung ist nur dann zulässig, wenn sich dadurch nicht die Lesbarkeit der Texte und die Konsistenz des Schriftbildes verschlechtert. Eine Ausnahmefestlegung gilt immer für die gesamte Elementklasse, nicht für einzelne Elemente einer Klasse.

Grafiken und weitere Medien

Bilder, Sounds, Videos

Welche Linien/Polygone/Kurven dürfen wie und wann als Gestaltungselemente verwendet werden ?

Wie sind eventuelle Zeichnungen zu verwenden und wie sind sie zu gestalten ?

Wie sind eventuelle Geschäftsgrafiken in der Anwendung zu verwenden und wie sind sie zu gestalten ?

Wie sind eventuelle Fotografien in der Anwendung einzusetzen und wie sind sie zu gestalten ?

In der Applikation zur Verwendung zugelassene grafische Oberflächenelemente sind üblicherweise:

- Linien, Polygone, Kurven
- Zweidimensionale Charts
- Torten-Charts
- (gescannte) Handradierungen, Bleistiftzeichnungen
- (gescannte) Fotografien

Grundsätzlich sind grafische Elemente sparsam einzusetzen, da sie fast immer eine erhebliche Speichergröße haben und somit zur Belastung der Leitung bei ihrer Übertragung führen

Die verwendeten Grafiken sollen nach Möglichkeit nur wenige Farben verwenden. Viele Farben in einer Grafik erhöhen ihren Speicherbedarf.

Nach Möglichkeit sind in den Grafiken nur solche Farben zu verwenden, welche zur Farbpalette der Anwendung passen. Die Farbe "Interaktiv", welche interaktive Elemente kennzeichnet, darf nicht für grafische Gestaltungselemente der Anwendung verwendet werden.

Leitfragen:

Welche Schnelltasten stehen für den Aufruf welcher Funktionen zur Verfügung?

Ist die Software nur mit Tastatur (ohne Maus) in vollem Umfang bedienbar?

Wie ändert sich der Mauscursor in Abhängigkeit von darunter liegenden Inhalten und Aktionen ?

Wie werden Druckausgaben gestaltet?

- Die Gestaltung der Formularausdrucke ist im Feinkonzept der Anwendung auf Basis des Corporate Print Style Guide festzulegen

- Die Gestaltung der Listenausdrucke ist im Feinkonzept der Anwendung auf Basis des Corporate Print Style Guide festzulegen

- Die Gestaltung der zu druckenden grafischen Auswertungen ist im Feinkonzept der Anwendung auf Basis des Corporate Print Style Guide festzulegen

Es gibt folgende Klassen von Programmmeldungen

- Hinweis-Meldung - Schaltflächen: „Ok", „Schließen"

- Frage-Meldung   -   Schaltflächen: Ja | Nein   oder Ja | Nein | Abbrechen

- Problem-Meldung: Schaltflächen: Ok, Schließen, Wiederholen | Ignorieren | Abbrechen

- System-Meldung: Schaltflächen: "Ok"

- Trace-Meldung, Logging-Meldung: Nicht für den Endanwender sichtbar (Eintrag in einer Tracedatei

Programmmeldungen erscheinen als anwendungsmodale Popup-Fenster. Solange die Programmmeldung aktiv ist, liegt sie über der Anwendung und die Anwendung kann nicht weitergenutzt werden, bis die Meldung entsprechend den von der Meldung angebotenen Interaktionsmöglichkeiten vom Benutzer bearbeitet worden ist.

Hilfetexte: Mouse-Over-Hints, Erläuterungen im Dialog und eigene Hilfeseiten. Einheitliche Schrift, einheitliches Layout. Screenshots im Hilfetext können helfen, das Gesuchte zu finden.

Beispiel: Funktionsübersicht einer kleinen Anwendung

*Bild 104: Hilfeseite
zum Funktionsumfang*

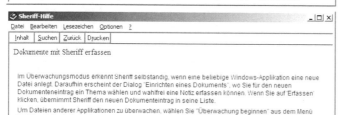

*Bild 105: Hilfeseite zur
einzelnen Dialogseite*

Dialogseiten und Workflows können in ihrem Umfang und Ausprägung in Abhängigkeit von verschiedenen Faktoren variieren.

Die Skalierung der Inhalte in den Arbeitsschritten des Prozesses, d.h. in den von der Anwendung präsentierten Dialogseiten erfolgt:

- In Abhängigkeit vom Prozessstatus
- In Abhängigkeit von der Bearbeiterrolle
- In Abhängigkeit vom Bearbeitungsverfahren (Prozessvariante)
- In Abhängigkeit vom Zugangsweg (z.B. Intranet / Internet)
- In Abhängigkeit von der Konfiguration
- In Abhängigkeit von den Prozessregeln

Beim Verfassen eines Styleguide für eine konkrete Anwendung sollten Sie die aufgestellten Regeln mit Verwendungsbeispielen unterlegen.

Typische Konstellationen in einem GUI:

- Ereignismeldungen haben typischerweise einen Ok-Button, mit dem der Anwender bestätigt, dass er die Meldung wahrgenommen hat. Meldungs-Fenster ohne Button (zum Beispiel solche, die verschwinden, wenn man woanders hin klickt) können den Anwender verunsichern, weil er nicht weiß, wo das Meldungsfenster hin ist. Ausnahme: Sprechblasenmeldungen, wie sie zum Beispiel von Elementen der Windows Tool- und Taskleiste produziert werden (diese muss man nicht mit einem Mausklick quittieren, denn sie verschwinden nach ein paar Sekunden von alleine).

- Formulardialoge haben typischerweise einen Ok- und einen Abbrechen-Button, einen Senden- oder einen Schließen-Button. Der Anwender signalisiert durch das Klicken auf einen solchen Button, dass er mit diesem Dialog fertig ist.

- Fortschrittanzeigen repräsentieren laufende Vorgänge; sie zeigen (zum Beispiel mittels einer Progressbar oder eines animierten Icons) an, dass die Applikation eine zeitaufwendige Aktion durchführt.

- Wird ein sachlicher Zusammenhang auf mehrere Dialogseiten verteilt, dann werde in der Regel ein vereinigende Anzeige- oder Strukturelemente verwendet (zum Beispiel eine Fertigstellungsgradanzeige, Karteireiter, Weiter- und Zurück Schaltflächen) damit sich der Anwender in dieser Sequenz zurecht findet und weiß, wo er ist.

- Die Breite und Höhe von Texteingabefeldern sollte sich an dem Umfang der zu erwartenden Eingaben (Anzahl der Zeichen) richten.

- Die Auswahl einer Option (z.B. in einer Drop Down Listbox) führt oft dazu, dass sicht abhängig von der getroffenen Auswahl der Inhalt oder die Ausprägung von anderen Elementen der Dialogseite ändert.

3.5   Prototyping

Prototyping bzw. Prototypenbau ist eine Technik der Softwareentwicklung, die schnell zu ersten Ergebnissen führt und frühzeitiges Feedback bezüglich der Eignung eines Lösungsansatzes ermöglicht.

Ein klassisches Beispiel ist ein Oberflächenprototyp, der dem späteren Nutzer der Software einen ersten Eindruck der Benutzeroberfläche (meist graphisch) und des Programmablaufs vermittelt.

Rapid Control Prototyping bezeichnet die Softwareentwicklung von Regelungen und Steuerungen, mit Hilfe grafischer Tools. Diese ist nicht zu verwechseln mit dem aus dem Maschinenbau bekannten Rapid Prototyping. Rapid Prototyping (deutsch schneller Prototypenbau) ist ein Verfahren zur schnellen Herstellung von Musterbauteilen ausgehend von Konstruktionsdaten. Übertragen auf den Softwarebau geht es um das Erstellen einer Anwendung auf Basis von formalen Modellen.

Exploratives Prototyping zur Bestimmung der Anforderungen und zur Beurteilung bestimmter Problemlösungen.

Evolutionäres Prototyping: Prototyp wird stets lauffähig gehalten und bis zur Produktreife weiterentwickelt.

Experimentelles Prototyping zu Forschungszwecken bzw. der Suche nach Möglichkeiten zur Realisierung.

Vertikales Prototyping (Durchstich): Ein ausgewählter Teil des Systems wird durch alle Ebenen hindurch implementiert. Dies eignet sich für Fälle, in denen Funktionalitäts- oder Implementierungsfragen zu klären sind.

Horizontales Prototyping: Es wird eine Ebene des Gesamtsystems möglichst vollständig umgesetzt, z.B. Darstellung des User Interface ohne tieferliegende Funktionalitäten zur Vorlage für den Auftraggeber. Solches horizontales Prototyping lässt sich gut mit formalen User Interface Modellen koppeln.

Vorteile:

- Die Anforderungen können laufend präzisiert und verifiziert werden. Damit sinkt das Risiko einer Fehlentwicklung.

- Unbeabsichtigte Wechselwirkungen zwischen einzelnen Komponenten des Produkts können früher erkannt werden.

- Der Fertigstellungsgrad ist erlebbar verifizierbar.

- Die Qualitätssicherung kann frühzeitig eingebunden werden.

- Kostensenkung durch vermeiden von Change Requests

Nachteile:

- Prototyping verführt oft dazu, Anforderungen nicht zu dokumentieren. Der Entwicklungsprozeß kann sich dadurch erheblich verlangsamen.

- In der Anfangsphase der Entwicklung entstehen zusätzliche Kosten, weil der Prototyp nur als Basis für die folgende eigentliche Entwicklung des Produktes dient.

3.6 User Interface Tools und formale Modelle

Es gibt einige formale DSLs (domain specific languages) und Werkzeuge zum Erstellen von UI Modellen, z.B.:

- QT
- MMIML
- XAML / Silverlight
- Tresos Guide
- WxPython / Boa Constructor
- XUL

Die oben aufgezählten Tools sind xml-basierte Entwurfssprachen bzw. Werkzeuge, die direkt (ohne die Ebene einer funktionalen Spezifikation) mit einem werkzeugspezifischen Datenmodell arbeiten. Dabei steht das Design der Widgets im Fokus.

Beispiele für das Look und Feel einiger GUI Tools:

Boa Constructor:

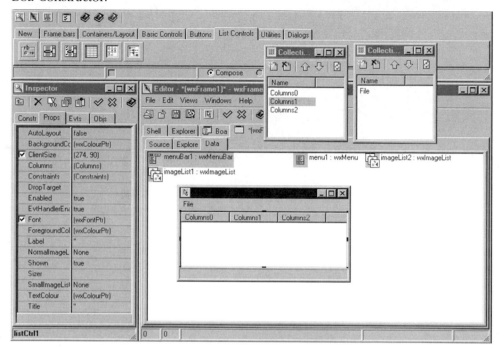

Qt Designer

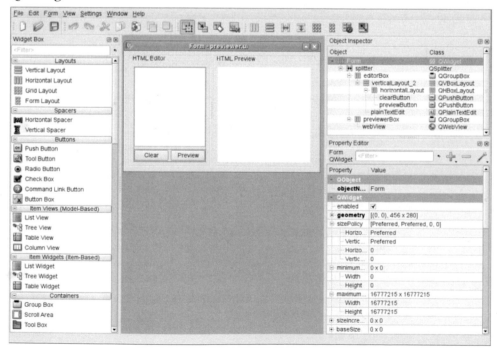

Expression Blend mit Xaml:

Das Bild zeigt das Zeichnen von Grafikelementen mit Expression Blend und ihre XML Repräsentation in XAML

XAML/Expression liefert Ergebnisse, die mit SVG oder Flash vergleichbar sind

Das Expression Werkzeug stellt umfangreiche Editiermöglichkeiten zur Verfügung

Zu unterscheiden ist zwischen der XAML Sprache und den Tools, die mit der Sprache arbeiten.

- XAML selbst basiert auf den Konzepten von XUL.
- Neben MS Expression gibt es eine Reihe von Tools anderer Anbieter, die mit dem XAML Format arbeiten können, sogar eine Java Implementierung

3.7 Formales fachliches UI-Modell

Fachliche UI Modellierung mit einem formalen Modell:

Bei Lucia (das im Folgenden näher betrachtet wird) steht das Spezifizieren des Informationsgefüges eines User Interface im Vordergrund.

Lucia und Protogen sind proprietäre Tools, die vom Autor in Prototyping Projekten sowie in Lehrveranstaltungen zur Softwareentwicklung eingesetzt werden.

Protogen generiert HTML Prototypen aus Lucia Skripten.

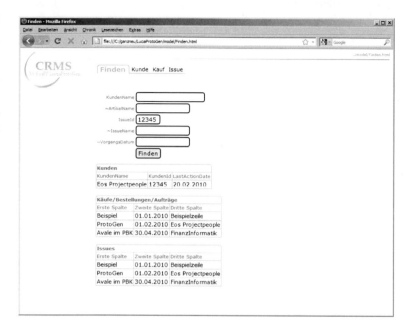

Bild 106: Prototyp aus Lucia Spezifikation 1

Lucia Skripte stellen die zum Implementieren eines User Interfaces benötigten Informationen formalisiert dar. Dialoginhalte, Anordnung, Datenbezug, Workflow, Layout, etc. werden dabei in einer DSL (Domain Specific Language) formuliert.

Formalisierte funktionale Spezifikation

Beispiel:

```
specification Kundenverwaltung
        lucia-revision      1.00
        model-stage         inception
        model-revision      2010-02-11

start with step ~Finden

step Finden onLeave do ~MemorizeSuchkriterien
step Kunde ~ KundenName
step Kauf ~ArtikelName
step Issue ~IssueName
...
screen Finden
  description
    Geben Sie die Suchbegriffe ein und Drücken Sie dann auf Finden
  inputForm with fieldGroup ~Suchkriterien
    button Finden
      description Kunden, Käufe und Issues zu eingegebenen Suchkriterien suchen
      onAction do
        ~FindKundenBySuchkriterien,
        ~FindKäufeBySuchkriterien,
        ~FindIssuesBySuchkriterien
  matchList Kunden listColumns ~KundenListe
    onSelection goto step ~Kunde
  matchList Käufe/Bestellungen/Aufträge listColumns ~KaufListe
    onSelection goto step ~Kauf
  matchList Issues listColumns ~IssueListe
```

Lucia Skript für die Kundenverwaltung

Workflowstart

Ablaufschritte

Dialogseiten

Aktuelle Auswahl aus der Trefferliste übernehmen

```
                            onSelection goto step ~Issue
                            …
Feldgruppen                 fieldGroup SuchKriterien
                              field ~KundenName
                              field ~ArtikelName
                              field ~IssueId
                              field ~IssueName
                              field ~VorgangsDatum_Suchfeld

                            fieldGroup KundenListe
                              field ~KundenName
                              field ~KundenId
                              field ~LastActionDate

                            fieldGroup KaufListe
                              field ~Bezeichnung
                            ..field ~Vertragsdatum
                            ..field ~Status
                            …
Einzelne Felder             field KundenName
                              picture x(30)
                              label Kundenname
                              description Name und Vorname bzw. Firmenname
                            …
                            field Vorgangsdatum
                              picture tt.mmm.yyyy
                            ..description Datum des Vorgangs

                            field Vorgangsdatum_Suchfeld
                              basedOn ~Vorgangsdatum
                              value today - 3 days
                              description Datum, um das herum der gesuchte Vorgang erfasst worden ist

                            functionality MemorizeSuchkriterien
                              !! remember typed information for display,
                                 when user comes back to that dialog page
                            layout SuchKriterien
                              place ~IssueName sameline after ~IssueId
Weitere                     requirement R1
Anforderungen                 just a inception example. needs to be completed
                            …
```

Weitere typische Anordnungsmöglichkeiten:

Bild 107: Prototyp aus
Lucia Spezifikation 2

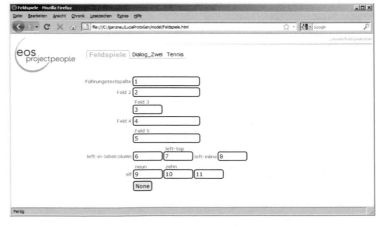

Lucia liefert eine formale, funktionale Spezifikation der Applikation. Das aus dem Spezifikationstext generierte User Interface kann folgendermaßen aussehen:

Das Spezifikationsbeispiel zeigt einen Teil der Formulierungsmöglichkeiten für User Interface Konstellationen. Weitere Erläuterungen zur Syntax und Semantik der Spezifikationssprache:

Der Tilde-Operator „~" kennzeichnet eine Referenz auf ein anderes Modellobjekt, also auf etwas, das irgendwo anders im selben Modell definiert bzw. deklariert ist. Namen ohne Tilde sind Deklarationen, solche mit Tilde davor referenzieren auf die ersten.

Durch Einrücken wird ausgedrückt, dass eine Definition zu einer hierarchisch darüber liegenden gehört.

Das Schlüsselwort **step** kennzeichnet ein Element der Ablaufstruktur. Mit dem Statement **start with step** ... gibt man an, bei welchem Ablaufschritt die Applikation beginnen soll.

Mit **screen** wird eine Dialogseite definiert. Mit **description** wird eine Beschreibung gekennzeichnet. Diese ist als Beschriftung der Dialogseite (des Bedienelements) und/oder als Hilfetext zu verstehen.

Das Schlüsselwort **inputForm** drückt aus, das ein Formular auszufüllen ist. Die Felder des Formulars werden über **fieldGroup** referenziert; **button** definiert eine Schaltfläche; **onAction** legt fest, was passieren soll, wenn die Schaltfläche geklickt wird.

Mit **matchList** wird eine Ergebnisliste definiert; **listColumns** definiert analog zu *fieldGroup* die Listenspalten der Ergebnisliste; **onSelection goto step** ... legt fest, dass beim Auswählen eines Listeneintrags zu einem bestimmten Ablaufschritt gewechselt werden soll.

Per **fieldGroup** wird eine Gruppe von Feldern definiert; die darin enthaltenen Einträge verweisen auf Datenfelder der Gruppe.

Mittels **field** werden Datenfelder definiert. Dabei legt **picture** das Format des Feldes fest; **label** legt den Führungstext fest.

Das Schlüsselwort **functionality** definiert die Schnittstelle zum funktionalen Teil der Anwendung und entspricht der vom User Interface aufgerufenen Geschäftslogik; **!!** kennzeichnet eine Anforderung an dieselbe; **requirement** kennzeichnet ebenfalls eine Anforderung (und versieht sie mit einer referenzierbaren Id).

Mit **layout** wird eine Anordnung von Elementen auf dem Bildschirm festgelegt; **place** *x* **sameline after** *y* bedeutet z.B. dass Feld x in derselben Zeile nach Feld y dargestellt werden soll.

Vorteil einer mit Lucia erstellten User Interface Spezifikation ist, dass es einerseits eindeutig und andererseits menschenlesbar ist. Das Skript kann für eine modellbasierte Generierung von Steuerungs-XMLs und/oder des User Interface Codes für eine beliebige Zielplattform verwendet werden. Es ist änderungsrobust und kann bei wechselnden Anforderungen Programmieraufwand sparen: wenn sich das Modell ändert, muss die User Interface Logik nicht umprogrammiert werden, sondern nur der Zielcode neu generiert werden.

Kleine Lucia Referenz

Statement	Bedeutung
	Zur Spezifikation der Anforderungssicht gibt es in Lucia benannte sowie unbenannte Requirements.
requirement | !! [<id>] <text>	Anforderung (gilt für das zuletzt spezifizierte User Interface Objekt); mit id: benannte Anforderung, sonst: unbenannte Anforderung
specification <name>	Spezifikationskopf. Enthält Verwaltungsinformationen zur Spezifikation (model-stage, model-revision-date, creation-date, author(s), lucia-revision)
description <text>	Dokumentation / Beschreibung; hängt wie die unbenannte Anforderung am zuletzt spezifizierten UI Objekt; ist zur Verwendung als Hilfetext oder als erläuternde Anzeige im UI bestimmt.
	Namen und Ids dürfen Umlaute und Sonderzeichen, aber keine Leerzeichen enthalten. Namensreferenzen werden mit einer Tilde (~) eingeleitet. Namen ohne einleitende Tilde sind Namensdeklarationen.
	Texte können Querverweise auf andere Spezifikationsobjekte und deren Attribute enthalten (sofern diese benannt sind), z.B. „siehe auch ~Anf1“.
	Mit Steps wird die Ablaufstruktur der Applikation spezifiziert. Die Steps bildet das Ablaufnetz der Applikation. Sie können hierarchisch in beliebiger Tiefe ineinander geschachtelt werden.
[sequence] **step** <name>	Ablaufschritt. Default für Steps, die auf der gleichen Hierarchieebene liegen, ist, dass sie aufeinander folgende Sequenzschritte im Workflow der Applikation sind.
service [step] <name>	Dienst. Hat ähnliche Eigenschaften wie ein Ablaufschritt, jedoch keine eigene Position innerhalb der Workflow-Sequenz.
start step ~<name>	Deklariert den Step, mit dem die Applikation startet.
... **based_on** ~<name>	Gibt an, dass das aktuelle Spezifikationsobjekt alle Eigenschaften der referenzierten (gleichartigen) Spezifikationsobjekts erbt.
... **on_enter_do** ~<id>	Verweist auf eine Funktionalität, die beim Betreten des Spezifikationsobjekts (z.B. eines Steps oder eines Screens) (zur Laufzeit der Applikation) auszuführen

	ist.
... on_leave_do ~<id>	Wie on_enter_do, jedoch beim Verlassen des Spezifikationsobjekts.
functionality <id>	Definiert eine Funktionalität (und macht sie referenzierbar); Schnittstelle zur Geschäftslogik der Applikation.
screen <name> [for <step-list>]	Dialogseite; Der Name des Screens korrespondiert mit dem Namen des Steps, für den der Screen gilt. Mit „for" kann man mehrere Step-Namen angeben, für welche der Screen verwendet werden soll.
form [<id>] [with | using] [dataset | fields] ~<id>	Dialogabschnitt; Formular; Gruppe von inhaltlich zusammenhängenden Kontrollelementen. Subobjekt eines Screens.
tablelist | list [<id>] [with | using] [dataset | columns] ~<id>	Spreadsheet; Tabelle, Auflistung von mehrspaltigen Zeilen. Subobjekt eines Screens oder einer Form.
comparelist | compare [<id>] [with | using] [dataset | columns] ~<id>	Eine Vergleichsliste; Eine Liste, bei der es zu jedem Attribut mehrere Werte gibt, in der Spalte 1 wird der Name des Attributs angezeigt, in den Spalten 2 bis n die Werte.
button	Schaltfläche; Subobjekt von Screen, Form oder Table

Formale Modelle ermöglichen automatisierte Mengenauswertungen und Transformationen zu Steuerungsdaten, Prototypen und Programmcode.

Typische Auswertungsmöglichkeiten:

Messgröße	Aussage
Anzahl der Dialogseiten	Größe der Applikation
Pfadlängen: Anzahl der Klicks/UI Operationen, bis eine bestimmte Dialogseite oder ein Kontrollelement auf dem Schirm ist	Erreichbarkeit von Funktionen
Anzahl der Bedienelemente pro Dialogseite, „Informationsdichte"	Identifizieren von potentiell besonders komplexen Dialogen; Identifizieren von potentiell „informationsschwachen" Dialogen
Anzahl der Bedienelemente/Dialogseiten vs. Anzahl der vom UI angestoßenen Operationen	Über-/Unterausstattung des UI mit Bedienteilen

Aus einem User Interface Modell kann man keine Aussagen zu Usability oder Häufigkeit der Benutzung ableiten. Diese Messungen kann man nur zur Laufzeit der Anwendung vornehmen.

Road Check „Tools"

RC25: Nennen Sie drei Beispiele für Werkzeuge zur User Interface Modellierung, welche domänenspezifische Sprachen (DSLs) verwenden.

RC26: Identifizieren Sie Kernanforderungen an ein UI Modellierungswerkzeug

> ☐ *a) Vollständigkeit in Bezug auf das Informationsgefüge des User Interface*
> ☐ *b) Flexible Handhabung des UI Modells,*
> ☐ *c) Änderungsrobustheit der Spezifikation*
> ☐ *d) Iteratives Vervollständigen der Festlegungen*
> ☐ *e) Große Auswahl an vordefinierten Widgets*
> ☐ *f) State Chart Editor*
> ☐ *g) Anschluss an eine Skriptsprache*

RC37: Welche Vor- und Nachteile haben formale UI Modelle?

RC38: In welche Entwicklungsartefakte kann man ein formales UI Modell umformen (drei Beispiele)?

RC39: Welche statistischen Informationen kann man aus einem formalen UI Modell ableiten und was können diese aussagen (zwei Beispiele)?

Road Check „Konzeptmedien"

RC27: Wann ist die Applikation aus Ihrer Sicht soweit spezifiziert, dass Sie die IT Abteilung mit der Beschaffung oder Erstellung/Implementierung eines entsprechenden Systems beauftragen könnten?

RC28: Nennen Sie drei Spezifikationsformen bzw. Konzeptmedien für User Interfaces, und erklären Sie in Stichworten ihre Eigenschaften.

RC29: Gegeben sei die Anfrage nach einer Applikation, mit der man eigene Fotos im Internet verwalten und präsentieren kann. Erstellen Sie zu dieser Applikation ein exemplarisches Anwendermodell (Beschreiben Sie in wenigen Sätzen einen hypothetisch-typischen User dieser Applikation und sein Verwendungsszenario).

RC30: Gegeben sei die Anfrage nach einer Applikation, mit der man eigene Fotos im Internet verwalten und präsentieren kann. Formulieren Sie die aus Ihrer Sicht wichtigsten Anforderungen (mindestens drei) an diese Applikation.

RC31: Gegeben sei die Anfrage nach einer Applikation, mit der man eigene Fotos im Internet verwalten und präsentieren kann. Erstellen Sie ein Storyboard für einen zentralen Use Case der oben genannten Applikation. (Hinweis: Es reicht eine Auflistung der Szenen ohne Metapherillustrationen).

RC32: Gegeben sei die Anfrage nach einer Applikation, mit der man eigene Fotos im Internet verwalten und präsentieren kann. Skizzieren Sie ein Anzeige- und Bedienkonzept für die oben genannte Applikation. (Hinweis: Es reicht eine verbale Erläuterung der zentralen Bedienmetapher, d.h. wie muss man sich das Erscheinungsbild und das Arbeiten mit der Anwendung vorstellen; Zeichnungen oder ausführliche Erläuterungen der Bedienelemente sind zulässig, aber nicht erforderlich)

RC33: Entwerfen sie eine Dialogseite, auf der Verwaltungsinformationen zu einem Foto erfasst werden können (z.B. wann, wo aufgenommen, Thema, Inhalt usw.)

RC34: Gegeben sei eine Dialogseite, auf der Verwaltungsinformationen zu einem Foto erfasst werden können (z.B. wann, wo aufgenommen, Thema, Inhalt usw.). Wie ruft der Anwender diese Dialogseite in der Applikation auf? Wie könnte man bestimmte Eigenschaften für mehrere Fotos gleichzeitig verändern (Beschreibung des Designansatzes)

RC35: Wie strukturieren Sie die Erstpräsentation eines von Ihrem Entwicklungsteam erstellten Applikationsentwurfs (Gliederungsansatz)?

Kapitel 4:   Kontrollelemente und Dialogseiten

Als „virtuelle Maschine" lässt sich das User Interface einer Software mit einer Steuer- und Regelungsanlage vergleichen. In dieser Analogie ermöglicht das User Interface den Zugang zu Informationen über einen Verarbeitungsprozess sowie die Einflussnahme auf diesen Prozess. Es enthält in diesem Sinne zwei Sorten von Bestandteilen:

- Bestandteile, die Informationen zur Maschine hin transportieren (also solche, mit denen der Benutzer Aktionen auslösen und/oder Daten manipulieren kann) = **Empfänger**

- und Bestandteile, die Informationen zum Benutzer hin transportieren (also solche, mit denen der Benutzer sehen kann, was in der Anwendung passiert) = **Anzeigen**

Es gibt noch eine dritte Sorte von User Interface Bestandteilen: Die Bestandteile, die dem Gehäuse eines mechanischen Geräts entsprechen: Strukturierende Dinge wie Ablaufnetz, Bildschirmlayout, Menübaum. Also Bestandteile, die der **Benutzerführung** dienen und dabei quasi statisch die Form der virtuellen Maschine ausmachen.

4.1   Aktionen, Reaktionen, Interaktionen

In interaktiven Softwaresystemen sind die Bestandteile eines User Interface so miteinander verflochten, dass oft ein und dasselbe User Interface Objekt Informationen in beiden Richtungen transportiert und zudem noch strukturiert. Die obige Klassifizierung tritt also in der Praxis nicht in Reinform auf. Dennoch ist es beim Konstruieren von Oberflächen unabdingbar, beide Richtungen des Informationsflusses zu beachten. [SAP01].

Sie sollten separat voneinander betrachtet werden, und anschließend integriert werden.

Beispiel: Ein Formelrechner, bei dem die Bedienelemente in Abhängigkeit von der Situation ihre Form wechseln.

Das Formular hat vier Felder, die Formeln des Typs „X op Y = Z" verarbeiten Das zuletzt eingegebene Feld (Zahl oder Operand)

wird farblich hervorgehoben und bestimmt, dass ggf. ein anderes
Feld zum Ausgabefeld umgewandelt wird.

Das kleine Rechen-Formular verändert laufend seine Struktur
und auch den Ein- bzw. Ausgabecharakter seiner Inhalte.

Eins und eins ergibt 2

X	op	Y	Z
1	+	1	= 2 .

Das zuletzt eingegebene Formelfeld hat einen gelben Hintergrund. Alle anderen Felder haben einen weißen Hintergrund.
Das zuletzt berechnete Formelfeld hat eine schwarze Schrift. Alle
anderen Felder haben eine blaue Schrift.

Multiplizieren statt addieren: Jetzt ist das Ergebnis 1

X	op	Y	Z
1	*	1	= 1 .

Durch Eingabe von „*" an Stelle von „+" wird der Operand zum
fokussierten Eingabefeld. Das Feld Z ist nach wie vor das Be-
rechnungsergebnis.

Z soll 2 sein: zweiter Operand wird berechnet

X	op	Y	Z
1	*	2	= 2 .

X wurde angepasst: Y wird neu berechnet

X	op	Y	Z
6	*	0,33	= 2 .

Y soll 7 sein: Z wird neu berechnet

X	op	Y	Z
6	*	7	= 42 .

Z soll 49 sein: nun wird X neu berechnet

X	op	Y	Z
7	*	7	= 49 .

4.2 Knöpfe, Hebel, Bilder, Stimmen: Bedienteile einer Software

Mit Blick auf das Entwickeln von Software kann man Bedienteile ordnen in:

- Abstrakte Bedienteile: Repräsentieren die Art der Kommunikationsaufgabe

- Konkrete Bedienteile: Realisieren abstrakte Bedienteile über eine Bedienmetapher (Hebel stellen, Option ankreuzen, etc.)

- Reale Bedienteile: Echte mechanische Knöpfe, Hebel, Regler, Kontrollleuchten, Tastatur, Maus, Touchscreen, Mikrophon, Lautsprecher, etc.

- Virtuelle Bedienteile: Haben zum Teil ein mechanisches Vorbild, können aber auch eine reine Softwareschöpfung sein, z.B. Hypertext (wenngleich auch dieser Querverweise in wissenschaftlichen Texten als reales Vorbild hat).

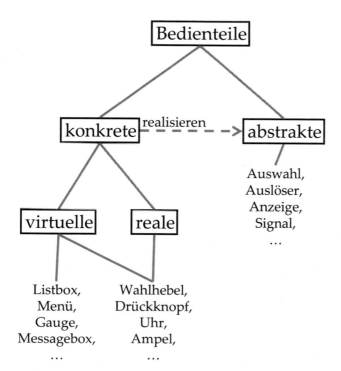

Bild 108: Konkrete und abstrakte Bedienteile

Die Bedienteile ermöglichen die Verwendbarkeit einer Maschine; die Funktionen der Maschine werden mit ihnen gesteuert. Diese Qualität ist Voraussetzung für das Verwenden durch den Menschen.

Die Form der Bedienteile hängt von der zu steuernden Funktionalität ab, und kann sehr verschieden sein: z.B. Schalthebel, Steuerrad, Schalter, Anzeigeinstrument, Kontrollleuchte.

Weg über die Metapher zum passenden Bedienelement:

Bild 109: Von
Metapher zum Abbild

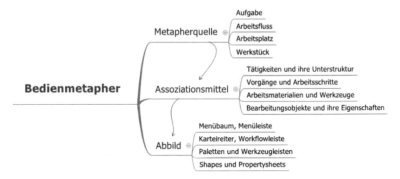

Typische Dialogelemente von GUI Anwendungen

Kontrollelement bzw. Widget	Wann verwenden	Beispiele
Menüleiste	Übersicht der Funktionalitäten, Zentrale Steuerung	Datei – Öffnen, Speichern, Schließen
Textfelder	Erfassen von Informationen zum Speichern und Auswerten	Benutzername, Adresse, Kontaktdaten
Push-Buttons	Aktionen auslösen	Eingaben bestätigen, Buchung durchführen
Passwortfeld	Zugangskontrolle	Login-Dialog
Slider	Wertebereich einstellen, Wert im Wertebereich einstellen	Zoomfaktor einstellen
Radiobutton	Feste Anzahl von Möglichkeiten	Auswahl des Zugangsprotokolls bei einer Terminalanwendung
Checkbox	Optionen auswählen, Bedingungen bestätigen	AGBs gelesen, Newsletter (nicht) senden
Statusbar	Informationen über Zustand, Kontext, Fortschritt	Fortschritt des Ladens der HTML Seite im Browser, Link-Ziel-URL, Hinweise zum Feld
Standarddialoge oder Widgets	Gebräuchliche Teilfunktionen	Datei öffnen, Browser-Control, RTF Control, CD Player

Combobox (Edit + Drop Down Liste)	Eingabevorschlag mit Überschreibmöglichkeit	Internetadresse in der Browser-Adressleiste eingeben
Spin-Control	Numerischen Wert einstellen	Prozentwerteinstellung
Tree Control	Hierarchie darstellen	Produktbaum
Drehknopf	Winkel einstellen	Lichteinfallwinkel in Photoshop
Mouse-Over Hints	On the fly Hilfestellung	Erklärung von Methodenparametern in Eclipse, Felderläuterungen im Browser
Tab Control	Inhalt größer, als auf eine Seite draufpasst → Inhalte aufteilen	Browser Tabs, Tabbed Dialog, „Wizard"
Scrollbalken	Inhalt größer, als auf eine Seite draufpasst → Sichtbaren Abschnitt verschieben	PDF-Anzeige, Bildanzeige
Kontext Menü	(Am bearbeitungsobjekt) Naheliegende Funktionen auslösen	Aktuelle Textzeile ausschneiden
Hauptfenster	Applikation auf dem Schreibtisch ablegen	PDF-Viewer
Popup Dialog	Dienst ausführen	Einstellungen
Message Box	Anwenderbestätigung, bzw. Entscheidung notwendig	Sind Sie sicher, dass... ?
Message Text	Info an den Anwender	„Datei gespeichert", „Ungültige Telefonnummer"
Dialogabschnitt	Unterteilen der Dialogscitcninhalte nach Zusammenhang	„Angaben zur Person", „Kontaktdaten", ...
Properties	Eigenschaften des selektierten Bearbeitungsgegenstands	Grafikobjekt-Properties in Xmind
Paletten	Auwahl der Farbe oder des Pinsels im Grafikprogramm	Werkzeugleiste in Paint

Bedienelemente können für spezielle Muskel entworfen worden sein. Ein Muskel kann dann Bedienungselemente Steuern. Der Mensch hat 640 Muskeln, die meisten davon können mit Willenskraft aktiviert werden. Am aktivsten sind die Augenmuskeln.

Typische Zusammenhänge zwischen den Bestandteilen eines User Interface:

- Kontrollelemente ermöglichen dem Anwender den kontrollierten Zugang zu Interaktionen. Durch das Bedienen von Kontrollelementen werden Inhalte manipuliert und/oder Aktionen in der Applikation ausgelöst.

- Die üblicherweise zur Verfügung stehenden Eingabegeräte der Ablaufplattform beeinflussen die Ausprägung der Kontrollelemente in der Applikation (zum Beispiel werden „Clients" ohne Tastatur nur wenige Eingaben via virtuelle Tastatur fordern – vgl. WII Console – weil es umständlich ist, einen Text Buchstabe für Buchstabe einzugeben)

- Die Anzahl von Dialogen und von Kontrollelementen pro Dialogseite in einer Applikation stehen in Beziehung zueinander. Je umfangreicher die Dialogseiten, desto weniger braucht man davon insgesamt und umgekehrt.

- In Abhängigkeit vom Kontext (z.B. Rolle, Datenstand) können auf einer Dialogseite verschiedene Kontrollelemente (Eingabefelder, Ausgabefelder, Buttons, Listen) ein- oder ausgeblendet, aktiv oder inaktiv, oder besonders gekennzeichnet (Mussfelder, Eingabefehler) sein.

- Eine Dialogseite fasst in der Regel Ein- und Ausgabeelemente zusammen, die in einem engen inhaltlichen und/oder Ablaufkontext stehen.

- Die Ablaufstruktur und der Durchlauf durch einen vorgegebenen Ablaufpfad werden durch spezielle Kontrollelemente (z.B. „Arbeitsmappe", „Aufgabenliste", „Bearbeitungsstandanzeige") visualisiert.

Ablaufstruktur, Interaktionen, Kontrollelemente, Layout und Inhalte des User Interface stehen miteinander in vielfältigen und komplexen Beziehungen.

4.3 Form Filling und direkte Objektmanipulation

Tutti Formulari

In den meisten Anwendungen überwiegen so genannte „Form Filling Dialoge" [Chle06]. Dabei wird auf dem Bildschirm elektronisch ein Formular bereitgestellt (manchmal sogar als originalgetreue Nachbildung eines Papierformulars), das es auszufüllen bzw. zu lesen und ggf. zu bestätigen gilt.

Bei direkter Objektmanipulation: Am Objekt selbst gibt es die Möglichkeit, verschiedene Aktionen durchzuführen, z.B. Verschieben, Größe verändern, Text eingeben. Das Objekt ist selbst ein Quasi-Kontrollelement. Zusammenhang zwischen direkter Objektmanipulation und Form Filling: Bei Klick oder Doppelklick auf das direkt manipulierte Objekt geht meist ein Formular Dialog auf, in dem man detailliert die Eigenschaften (Properties) des Objekts festlegen kann.

Elektronische Formulare dienen dazu, Informationen zu erfassen und/oder Einstellungen vorzunehmen, und bestehen daher zum größten Teil aus Eingabe- bzw. Auswahlfeldern. Oft sind dabei viele Felder auf einem vergleichsweise kleinen Areal unterzubringen.

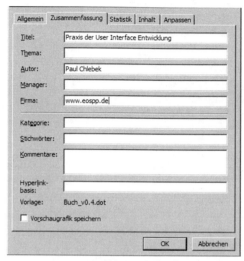

Bild 110: Dokument-Eigenschaften in Word

Ein einfaches elektronisches Formular

Einfache elektronische Formulare haben keine oder wenige Abschnitte, und beschränken sich auf Ein- und Ausgabefelder ohne Detailschaltflächen und Unterdialoge.

Starke Untergliederung der Inhalte eines Formulardialogs in Abschnitte und Unterdialoge erhöht die Komplexität.

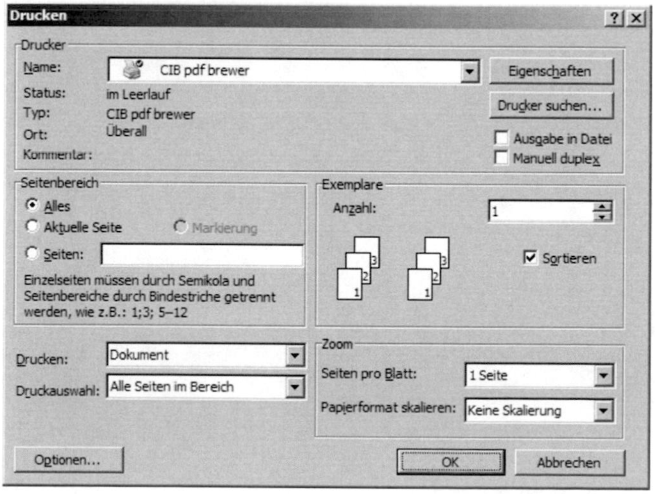

Bild 111: Drucken in in einer Textverarbeitung

Ein mittelkomplexer Formulardialog

Starke Untergliederung

Das Untergliedern hilft, wenn es Übersicht schafft, wenn die Abschnitte bzw. Unterdialoge wirklich voneinander zu trennende Themen behandeln, und wenn die einzelnen Elemente nicht auch in einen der anderen Abschnitte des Formulars reinpassen könnten. Gliederungsebenen, Klassifikationen, Gattungen und Arten beanspruchen Platz – sowohl auf dem Bildschirm, als auch in der Wahrnehmung des Anwenders.

Bild 112: Nachrichten-
Optionen im eMail
Client

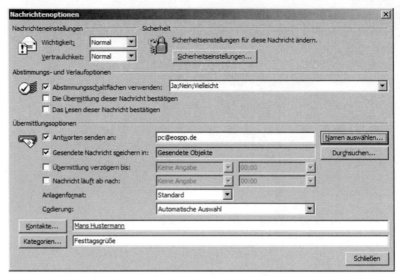

Komplex: Mehrfache
Auswahl, viele
Detailbuttons,
erklärungsbedürftige
Überschriften und
Felder

Auswahllisten mit Bearbeitungsmöglichkeit des ausgewählten
Eintrags sind komplexitätsfördernd.

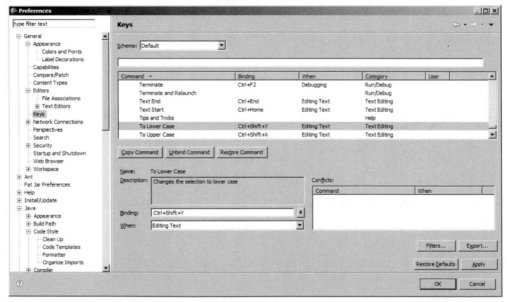

Bild 113: Command-
Keys Binding in
Eclipse

Ordentlich komplex: Mehrfache Auswahl, Felder zum Bearbeiten
des ausgewählten Listeneintrags und diverse Schaltflächen; nachvollziehbar, weil auch das mentale Modell und die Funktionalität
selbst anspruchsvoll sind.

Konsequentes
Vermeiden von
Untergliederung hilft,
Dialogseiten einfach
zu halten.

Sowohl Untergliederung als auch Mehrfachauswahl bzw. Auswahl mit Bearbeitungsfeldern für den ausgewählten Eintrag
drängen dem Anwender ein nicht triviales, weil hierarchisches
mentales Modell auf. Der Arbeitsschritt, den der Anwender mittels des Dialogs zu erledigen gedachte, stellt sich als ein ganzes

Bündel von ineinander geschachtelten, zu bedenkenden Bearbeitungsmöglichkeiten heraus.

Das Nachbilden von Papierformularen hat einige offensichtliche Vorteile: Das Layout wurde schon in der Praxis erprobt und ist - wenn auch nicht zwangsläufig bestens verwendbar - zumindest bekannt. Sie müssen also das Rad nicht neu erfinden. Sie wissen in einem Aufwasch, welche Informationen erhoben werden sollen, und welche nicht. Sie vermeiden Inkonsistenzen und Mappingprobleme mit den via Papierformulare erhobenen Daten.

Auf einen Papierformular kann man nur vergleichsweise harmlose mentale Modelle umsetzen, zum Beispiel haben Papierformulare die sympathische Eigenschaft, dass ihre Inhalte streng sequentiell aufeinander folgen, und eine feste Position haben.

Der Umfang der zum Befüllen eines Papierformulars benötigten Angaben lässt sich (selbst wenn das Formular Anlagen – eine papierene Form der hierarchischen Untergliederung - haben kann) relativ leicht überblicken.

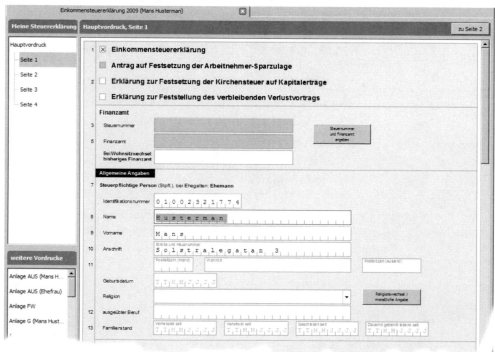

Elektronische Nachbildung eines allgemein bekannten und beliebten Papierformulars.

Bilden Sie, wo immer möglich, vorhandene Vordrucke nach, statt eigene Layouts zu erfinden. Wenn die Form der Eingaben (und mit Glück auch der Ausdrucke) weitgehend auf bereits institutionalisierte Vorlagen zurückgreifen kann, ist die Formdiskussion ein SomebodyElsesProblem. Alle damit verbundene Politik, Abstimmungsrunden und Konflikte bleiben Ihnen erspart. Sie kön-

Bild 114: Bestens bekannt: Steuerformular

nen sich auf die technische Umsetzung konzentrieren und Ihre Applikation profitiert von dem Frieden auf dieser Front.

4.4   Auswahl und Zuordnung

Das Auswählen und zuordnen ist eine in User Interfaces stets auftretende Standardsituation. Es gibt davon eine Reihe von Varianten und die unterschiedlichsten Lösungen.

Das Auswählen, Zuordnen, Suchen und Filtern nehmen in einem Software User Interface einer zentrale Stellung ein.

Oft wird vernachlässigt, dass eine Listenübersicht eine wichtige zentrale Komponente als Ausgangspunkt für viele weitere Aktionen darstellt. Eine noch bessere Liste sollte deswegen aus Erfahrung zusätzlich noch die folgenden Bedienelemente enthalten (was aber eher auf eine Listen-Basisklasse einer Webapplikation mit angemeldeten Nutzern zutrifft).

Die Komplexität einer Listenübersicht hängt sicher auch vom Anwendungsfall ab:

- Spaltenkonfiguration (Nutzer kann auswählen, was er in der Liste sehen möchte).
- Verschiedene Schriftgrößen für die Liste anbieten.
- Einstellung der Anzahl der Zeilen, die der Nutzer sehen möchte.
- Navigation durch die Liste mittels Slider und/oder Links „vor"/"zurück".
- MultiRowActions: Auf markierte Listeneinträge können definierte Aktionen ausgelöst werden, wie z.B. „Listenübersicht drucken", „CSV-Export", „Löschen" usw.
- Mengeninformation zu den Datensätzen, z.B. 1-50 von 760 Einträgen.

Bei der direkten Objektmanipulation geben Symbol- und Funktionsleisten die verschiedenen Manipulationsmöglichkeiten wieder. Beispiel: Ausschnitt aus einer Multifunktionsleiste in Office.

Bild 115: Ribbons

Auch Formulare, auf denen man Dinge aus Listen auswählen und ändern, oder anderen Objekten zuordnen kann, können schnell komplex werden.

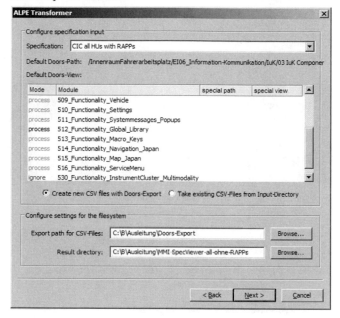

Bild 116:
Modulauswahl für
Transformationen

Komplex: Mehrstufige
Auswahl der zu
exportierenden Doors-
Module

Mehrfache Auswahl und Untergliederung in Kombination begünstigen hohe Komplexität elektronischer Formulare.

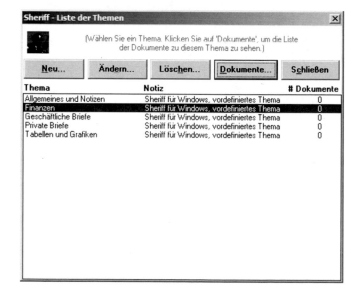

Bild 117: Liste mit
Funktionsleiste für den
ausgewählten Eintrag

Bild 118:
Zusammenstellen
einer Key-Value Liste

Bild 119:
Dateiauswahl-Dialog
in Windows

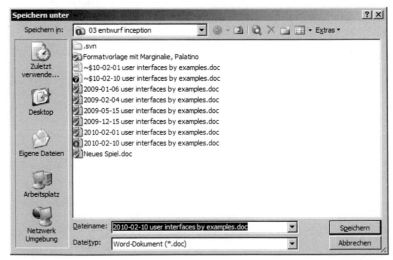

Obwohl dieser Dialog eine leistungsfähige Auswahl und diverse Zusatzfunktionen umsetzt, kommt er ohne sichtbare Untergliederung und ohne mehrstufige Auswahl aus.

*Bild 120: Grafische
Auswahl einer
Diagrammart*

Die Diagrammtypauswahl tut gut daran, mit Bildern zu operieren, statt zu versuchen, den Anwender mit dem beschreibenden Text allein zu lassen.

Miniaturbild ist besser als Umschreibung

Bei den Optionen für die Änderungsverfolgung geht es darum, wie die Änderungen auf dem Bildschirm dargestellt werden sollen. Ohne dass man sieht, wie das auf dem Bildschirm aussieht ist es schwierig, die Auswahlmöglichkeiten zu verstehen. Es fehlt die Sichtbarkeit dessen, was man hier einstellt. Bilder, die die Auswirkung der jeweiligen Auswahl zeigen, würden hilfreich sein. Zum Vergleich: Syntax Coloring in Eclipse.

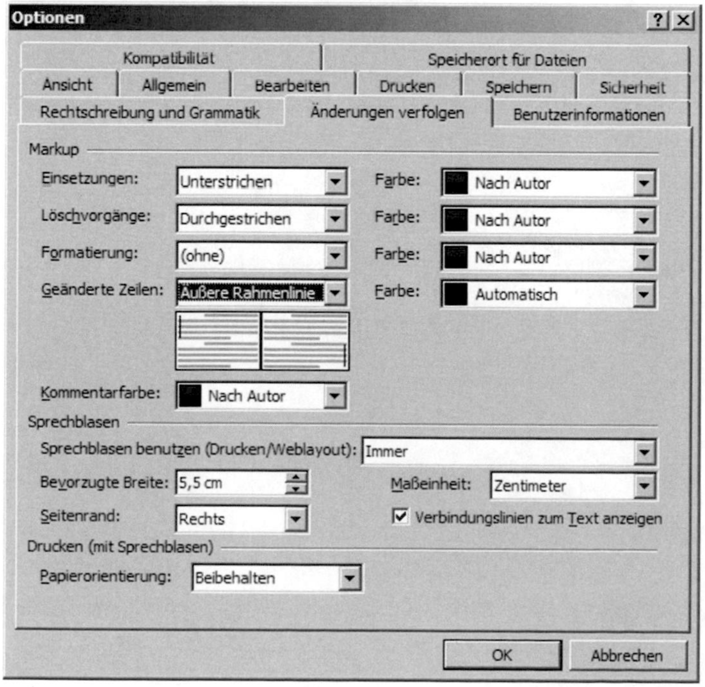

*Bild 121: Optionen für
die
Änderungsverfolgung*

Die Illustration der Resultate der jeweiligen Zuordnung im Gesamtzusammenhang sorgt für bessere Sichtbarkeit und damit für gute Verwendbarkeit.

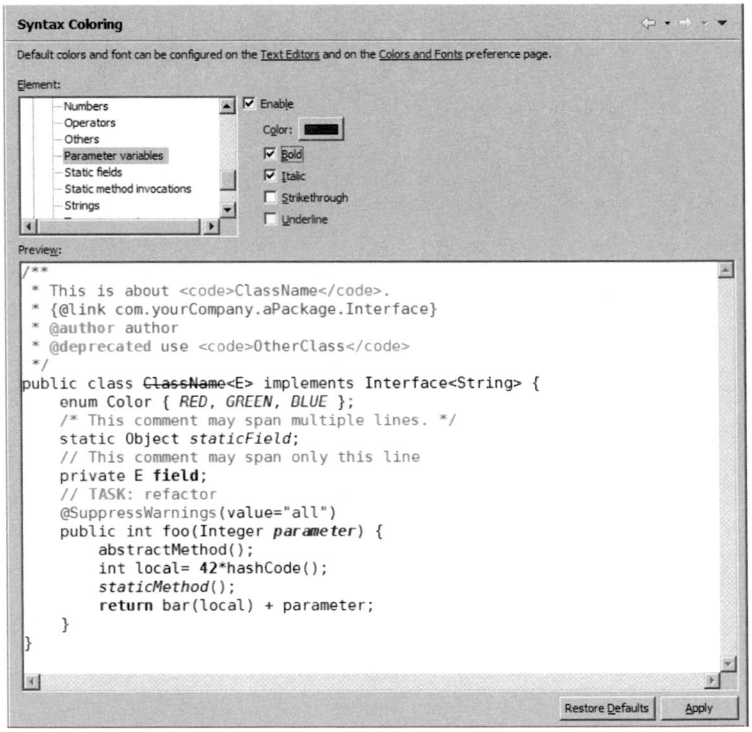

Bild 122: Java-Syntax-Coloring Einstellungen

Eine gute Lösung des Auswahlproblems (gepaart mit einer ebenfalls beeindruckenden User Interface Lösung für das Suchen und Filtern) bietet die Spotlight-Funktion von MacOS:

Bild 123: Spotlight Funktion in MacOS

Technische Instrumente, die mit hoher Informationsdichte umgehen müssen, haben von Natur aus relativ komplexe User Interfaces, weil zur Natur von Konstruktions-, Mess- und Steuer-Aufgaben gehört, daß der Anwender viele (möglichst alle) relevanten Informationen und Steuerungsmöglichkeiten auf einmal in Blick und Zugriff haben will.

Die Anwendung ECU Test dient zur Testautomatisierung und wirkt für den Umfang der Informationen, die in ihrem UI umgeschlagen werden, relativ übersichtlich:

Bild 124: ECU Test von TraceTronic

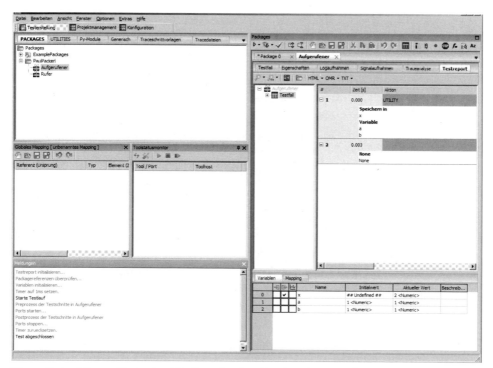

Eine vermeidbare Komplexität liegt in den Registerkarten, die mit Tabellen und Tree-Controls gepaart dem Benutzer helfen, die Übersicht zu verlieren.

Grundkonstellation: Die Test-Packages sind im Package-Tree auf der Package-Lasche organisiert. Das Packages-Fenster zeigt die offenen Packages.

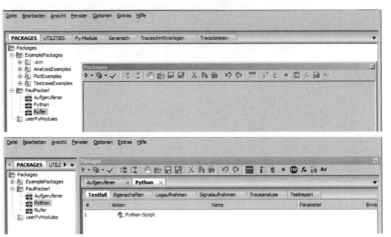

Das Packages-Fenster zeigt eine Laschenzeile mit den offenen Packages. Darunter eine zweite Laschenzeile mit verschiedenen Ansichten zu dem gerade aktiven offenen Package. Die Symbolleiste bietet schnellen Zugriff auf verschiedene Funktionen, die meisten beziehen sich auf das aktive offene Package. Der Package-Tree zeigt immer alle Packages. Die offenen Packages oder der gerade aktive offene Package werden im Tree nicht gekennzeichnet. Man kann einen Eintrag aus dem Package-Tree als Referenz in den aktiven offenen Package einfügen. Die weiteren Trees (Utilities usw.) enthalten ebenfalls Dinge, die man in den aktiven offenen Package einfügen kann (oder aber für sich genommen bearbeiten).

Obwohl alles logisch ist, kommt man leicht durcheinander. Eventuell würde bei einer solchen Funktionsvielfalt eine Kurzanalyse des User-Modells und der Aktivitäten des Users helfen, Vereinfachungen des steuerpultartigen UI zu erzielen

- Der Anwender ist ein Test-Ingenieur.

- Primäszenario: Der Testingenieur stellt ein Test-Package zusammen und führt dieses aus. Diese Tätigkeit beinhaltet die folgenden Schritte:

- 1. Neues Package anlegen 2. Hinzufügen und Parametrisieren der Testfallschritte 3. Ausprobieren und Ergänzen des Testfalls 4. Integrieren in ein Testszenario.

- Die meisten Testschritte werden aus den Utilities und durch Referenzen auf untergeordnete Packages versorgt. Gelegentlich werden Dinge aus den anderen Laschen/Trees benötigt. Schlußfolgerung: Die Dinge, die man zum Bestücken des Testpackages benötigt, sind in den Bäumen auf den Laschen verteilt zu finden. Ob man die Laschen anklickt oder einen gemeinsamen Baum für alles hat, bleibt sich gleich. Man könnte also die Laschen weglassen und etwas Übersichtlichkeit gewinnen.

Content Filter im Internet Explorer: Pro Kategorie (Auswahl aus der Liste) kann man (mit dem Schieberegler) eine Sicherheitsstufe auswählen, zu welcher man darauf hin einen beschreibenden Text ansehen kann.

Bild 125: Content Filter

Schwierig

Viele Optionen, erklärungsbedürftige Erklärungen: Wer in den *nachzuvollziehen* Junk-eMail-Optionen zurechtkommen will, muss genau lesen, und eventuell nachschlagen - dennoch bleibt der Benutzer unsicher, was die genaue Auswirkung seiner Wahl sein wird.

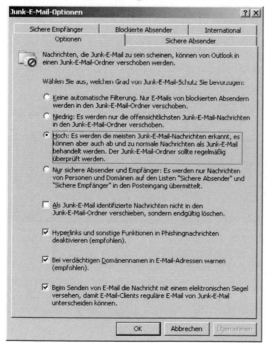

Bild 126: Junk-eMail-Optionen

Ribbon-Tool-Leisten: Hier können Sie schalten und walten. Positioniert man die Maus über eine Schaltfläche, dann klappen selbständig Erklärungen zur Funktion auf.

Diese UI Form unterstützt das explorative Erlernen der Bedienungsmöglichkeiten. Was man wirklich bekommt, weiß man allerdings oft erst nach dem Klicken.

Konfiguration von Verbindungsprotokollen:

Um Sitzungs- und Verbindungsparameter anzupassen, muss man ohnehin genau wissen, was man wo eintragen muss. Das im Dialogfenster „Kommunikation anpassen" zentrale Bild trägt nur wenig zur richtigen Auswahl bei.

Bild 127:
Kommunikation
anpassen 1

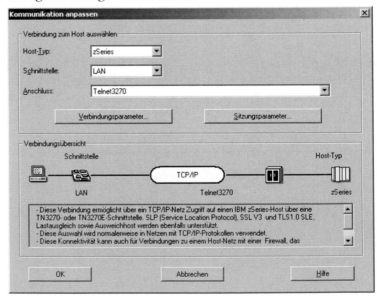

Eine Hostmaske: Alle Auswahl und Zuordnung erfolgt hier durch Eintippen des passenden Kennzeichens vor einem Listeneintrag oder einer Gruppe von Auswahlmöglichkeiten. Die Art der Bedienelemente ist am Ehesten mit Checkboxen bzw. Radiobuttons bei GUIs vergleichbar.

Bild 128: Text UI auf einem 3270 Terminal

Road Check „Kontrollelemente und Dialogseiten"

RC15: Was ist der Unterschied zwischen Form Filling und direkter Objektmanipulation? Wie hängen diese Bedienformen zusammen?

RC16: Welche der folgenden Begriffe bezeichnen Kontrollelemente?

- ☐ *a) Requirement*
- ☐ *b) Ablaufschritt*
- ☐ *c) Dialogseite*
- ☐ *d) Widgetgruppe*
- ☐ *e) Widget*
- ☐ *f) Dialogsituation*
- ☐ *g) Textressource*
- ☐ *h) Interaktion*

RC17: Was ist (in Bezug auf Kontrollelemente eines Software User Interface) eine Interaktion?

RC18: Nennen Sie drei Beispiele von mechanischen Bedienteilen sowie drei Beispiele von Softwarebedienteilen / Kontrollelemen-

ten und erklären Sie jeweils in einem Satz, wann bzw. wozu sie benutzt werden.

RC19: Was ist der Unterschied zwischen einem abstrakten und einem konkreten Bedienelement?

RC20: Formulieren Sie mindestens drei aus Ihrer Sicht oft zutreffenden Zusammenhänge zwischen den Bestandteilen eines User Interface (Beispiel: „Dialogseiten enthalten Ein- und Ausgabeelemente, die einem engen Inhalts- und Ablaufkontext stehen").

Kapitel 5:   Design und Redesign

Design ist, wenn man etwas auf Basis eines Konzepts (eventuell unter Zuhilfenahme eines Prototyps) konstruiert. **Redesign** ist, wenn man etwas auf Basis von etwas Bestehendem und Verbesserungsanforderungen konstruiert.

Ziel des Interfacedesigns ist eine Anwenderschnittstelle, die so gestaltet ist, dass ein möglichst breiter Kreis von Nutzern eine optimale Erfüllung des Verwendungszwecks des verwendeten Programms durch angemessene Handlungsschritte erfährt [WP09id].

Ein Designer ist, frei übersetzt, ein Gestalter. In Bezug auf User Interfaces ist das Gestalten jedoch weit mehr als das Ausmalen eines Mandalas oder das Entwerfen eines hippen Musters für eine Baseballkappe.

Ein User Interface zu „designen" heißt, es nach Maßgaben des Verwendungszwecks, der „angemessenen" Verwendungsweise, der Ergonomie und aller anderen relevanten Informationen (zum Beispiel anhand einer Spezifikation) die entsprechenden Dialogseiten und Interaktionen zu konstruieren.

Dabei die „richtigen" Metaphern für den Verwendungszweck und die Verwendungsweise zu finden und den Anwender zu „führen" sind wichtige Aspekte, bei denen man sich leicht verheddern kann.

Bild 129: Oje, eine Metapher: „Schützen-Dienen-Helfen"

„Sheriff": Ein Dienst, der Dokumente, die von Applikationen erstellt werden, überwacht und als Kartei verwaltet.

5.1   Usability Engineering

Die einfache Faustregel lautet: Wer einen Gebrauchsgegenstand, sei es eine Schaukel oder ein Anwendungsprogramm neu konstruieren oder gar verbessern will, muss wissen, wozu und wie dieser angewandt wird. Entwickler sind in der Regel aber keine Anwender, deshalb haben wir uns so intensiv mit Analyse und Entwurfsmethoden auseinandergesetzt.

Methoden helfen uns, bestmöglich zu verstehen, was wir bauen sollen, auch wenn wir nicht vom Fach sind. Analyse- und Entwurfsmethoden können keine echte Erfahrung mit dem Fachgebiet ersetzen, andererseits können Sie auch nicht alle Anwendungsfälle des von Ihnen erstellten Programms apriori in der Wirklichkeit ausprobieren. Es würde zu lange dauern.

Versuchen sie aber, zumindest einen zentralen Anwendungsfall in der Praxis mitzumachen, um das Grundprinzip des abzubildenden Fachthemas zu verstehen.

Bild 130: Das Schaukelgleichnis

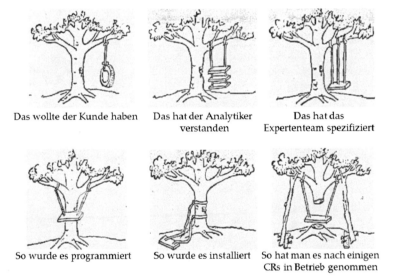

Das wollte der Kunde haben	Das hat der Analytiker verstanden	Das hat das Expertenteam spezifiziert
So wurde es programmiert	So wurde es installiert	So hat man es nach einigen CRs in Betrieb genommen

Das bekannte Schaukelgleichnis zeigt auf, was passiert wenn man nicht bei den Use Cases, Verwendungsszenarien und Benutzermodellen, sondern mit Daten, Funktionen und Kontrollelementen beginnt: Man schafft durchaus Effizientes, aber nicht Effektives.

„There is nothing so useless as doing efficiently that which should not be done at all." (Peter F. Drucker). Dies ist für Anwendungsprogramme ein wichtiger Grundsatz, zumal sie Arbeitsweisen und Aufgaben institutionalisieren.

Usability-orientiertes Design beinhaltet das Kommunizieren von Informationen durch das Medium des User Interfaces. Die wichtigsten Informationen, die die Oberfläche dem Anwender auf Anhieb geben sollte, sind:

Deal

- Was kriege ich (als Anwender)?
- Was muss ich dafür tun (Aufwand)?
- Satisfaktion oder Frustration

Bedienkonzept

- Mentales Modell für das Gerät
- Was sehe ich zuerst?
- Was ist mein erster Handlungsimpuls?

Weg / Ablaufschritte

- Wie weit ist es noch?
- Wann sind wir da?
- Welcher Ablaufschritt von wie vielen läuft gerade?

Metaphern

- Vorstellungswelt, Illustration, Assoziationen,
- Was sagt mir dieses Bild?
- Wahl der Schlüsselbegriffe,
- Animationen, Layout, Design?

Mentale Modelle sind subjektiv. Mediale Modelle, d.h. Konzepte, Spezifikationen und Prototypen, schaffen ein gemeinsames Bild der Anwendung. Das Bild muss erhalten und zu den Anwendern hin transportiert werden.

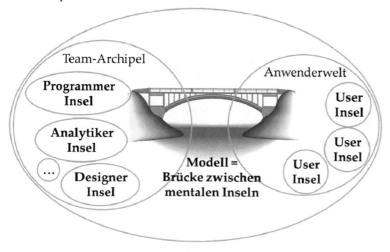

Bild 131: Modelle überbrücken mentale Inseln

Storyboards transportieren auf Konzeptebene die Information, was in der Anwendung geschieht. [Land05]. Diesen Überblick über „Story" und „Deal" der Applikation kann und sollte man zum Benutzer hin transportieren. Der Benutzer war ja bei der Entwicklung nicht dabei und weiß ja nicht, wie sich das Entwicklerteam die Anwendung vorgestellt hat. Aus dem Material der Storyboards kann man z.B. Workflowübersichten machen, diese zeigen dem Anwender die Bandbreite der Applikation und wo er sich gerade im Film/Workflow befindet.

Bild 132: Grafische Workflowübersicht

Kartei   Verträge   Aufgaben   Status

Aus den alltagsüblichen Anwendungsfällen habe ich solche ausgewählt, welche z.B. verwaltenden, kreativen oder konstruierenden Charakter haben können.

Zum Beispiel:

- Hotelbuchung
- Adressen verwalten
- CD Katalog
- Produkt im Online Shop suchen
- Ski Snowboard Verleih
- Patientenkartei
- Desktop und Menüführung (z.B. Nokia E90, iPhone)
- Sozialversicherungsmeldung (sv.net)

User Interfaces von Entwicklungswerkzeugen a la Eclipse, Qt oder Dreamweaver stehen in diesem Buch nicht im Fokus, weil da ja nicht das "Anwenden" im eigentlichen Sinne, sondern das "Entwickeln" im Vordergrund steht. Zur Begründung: Natürlich ist auch das Anwenden im weitesten Sinne Entwickeln (weil mit der Anwendung etwas geschaffen wird, zum Beispiel eine Monatsabrechnung, eine Zeichnung, eine Präsentation, ein Buch) und auch das Entwickeln ist im weitesten Sinne Anwenden (weil das Entwicklungswerkzeug ja angewandt wird). Die Abgrenzung wurde nach dem Gesichtspunkt gezogen, dass es vorwiegend um User Interfaces gehen soll, die nicht selbst zum Erschaffen von Softwareprogrammen gedacht sind. Würden wir zum Beispiel das Bauen von Maschinen etwa anhand von Staubsaugern, Nähmaschinen etc. analysieren, dann würden wir Maschinen, die zum Aufbau von Produktionsstrassen verwendet werden, nicht im gleichen Zusammenhang betrachten. Für Fertigungsmaschinen gelten eben andere Regeln als für Haushaltsmaschinen.

5.2 Erneuern von gewachsenen User Interfaces

Gewachsene, z.B. in Cobol, PL/I oder RPG programmierte Applikationen bilden in vielen Unternehmen das Rückgrat für zentrale Geschäftsprozesse und stellen daher einen enormen Wert dar. Wegwerfen oder modernisieren? Der Spagat zwischen der Unterstützung der Altanwender und der Neuen Welt sei fast immer ein schiefer Kompromiss, sagte ein Kollege.

Bewährtes und neuen Technologien können sich widersprechen, müssen aber nicht. Richtig ist sicher, dass Bedienungsweisen aus der Terminalwelt sich an den damaligen technischen Möglichkeiten orientiert haben und z.B. ein Hostmenü aus TSO nicht eins-zu-eins auf eine Weblösung übertragbar ist. Das wäre wirklich eine grell geschminkte Großmutter. Die Ablaufstruktur hingegen ist in der Alten Welt meist sehr ausgefeilt und sollte m. E. nicht einfach so als Alteisen über Bord geworfen werden.

Dieses Kapitel soll auch "Good Ideas gone bad" zeigen, also Designs nachvollziehen, analysieren, und ggf. Verbesserungsmöglichkeiten aufzeigen, wo die Designs falsch gelaufen sein könnten: Schon beim Bedienungsparadigma oder beim Umsetzen oder durch später "aufgenähte Flicken". Daraus ergibt sich, wo man beim Redesign mit dem Heilen beginnen kann. Kann man den Kern des Anzeige- und Bedienkonzepts behalten oder muss man ein neues Paradigma aufziehen.

Design und Redesign sind gar nicht so verschieden. Jedes Design ist ein Redesign aus Sicht der vorhergehenden Designiteration.

Fragen, die durchs Design und Redesign leiten, sind:

- Wird danach der Anwendungszweck (besser) erfüllt?
- Ist das Anzeige und Bedienungskonzept gut?

Für jedes (Re)Design sind damit folgende Vorbedingungen erforderlich.

- Verstehen des Verwendungszwecks
- Verstehen der Verwendungsweise auf Anwenderseite
- Verstehen des Anzeige- und Bedienkonzepts
- Verstehen der Anforderungen an den zu (re)designenden Dialog

Darauf aufbauend umfasst das (Re)Design folgende Aufgaben.

1. Abdeckungsgrad der Anforderungen im vorliegenden Konzept bzw. Vorgänger-Design analysieren
2. Probleme im Ist-Stand identifizieren
3. Lösung(en)erarbeiten
4. Design anpassen

5. Weiter mit 1., bis die identifizierten Probleme als unkritisch eingestuft werden.

5.3   Konzepte versus Change Requests

Ein Design, das sofort passt, kommt nur in Ausnahmefällen vor. In der Regel ist das Design ein Ergebnis des wiederholten Redesigns, bis es passt.

Entwickeln ist das Erarbeiten eines Werkzeugs für einen vorgegebenen Verwendungszweck; Lösung eines praktischen Problems; Umsetzen einer Vision. Im Wort Entwickeln steckt drin, dass das, was am Ende herauskommt, erst geordnet und strukturiert werden muss und somit seine Form erst im Verlauf des Entwicklungsprozesses gewinnt.

Der Urheber der Entwicklung hat von Anfang an ein Ziel und eine prinzipielle Vorstellung von der Lösung. Aber: Die Lösungsvision verändert sich durch Detaillieren der Anwenderforderungen und des Verwendungskontextes, durch das Aufdecken systemischer Restriktionen, Erfahrungen aus dem Erproben von Lösungsansätzen und ähnlichen Lösungen sowie durch die Reifung der mentalen Modelle der Entwickler.

Das Ergebnis einer Entwicklung hängt also von vielerlei Informationen ab, die nicht a priori vorliegen, sondern erst im Verlauf der Entwicklung entstehen. Das Entwickeln von Softwareapplikationen findet oft in Teams statt. Das Team benötigt eine gemeinsame Informationsbasis über die Eigenschaften der entstehenden Applikation, also eine funktionale Spezifikation.

Das Verwenden einer Applikation findet mit ihrem User Interface statt. Das fortlaufende Detaillieren der Lösungseigenschaften, also der funktionalen Spezifikation, zieht fortlaufende **Anpassungen** des User Interface nach sich.

Beim Erstkonzept einer Applikation wird der User Interface Entwurf detailliert, bis die in den Anforderungen enthaltenen Informationen verbaut sind. Dann wird dieser Entwurf üblicherweise erstmals dem Kunden vorgelegt.

Nach dieser „Erstbefüllung" wechselt die Arbeitsweise an der Spezifikation zum „Änderungsmodus". Das bedeutet konkret, dass die weitere Entwicklung des UI und somit seiner Spezifikation von Änderungsanforderungen (Change Requests) bzw. deren Auswirkung auf das User Interface gesteuert wird.

Die weitere Entwicklung der User Interface ist also CR getrieben. Während die eigentliche Funktionalität relativ stabil bleibt, erfährt das User Interface Veränderungen in allen Bereichen. Dementsprechend müssen Methoden und Werkzeuge für den UI Bau auf die Veränderung ausgerichtet sein.

Dialoginhalte, Ablaufstruktur, Anzeige- und Bedienanforderungen, Interaktionen und Kontextbezug sind „subject of ongoing change". In dieser Hinsicht ist das User Interface ein Fass ohne Boden.

Bild 133: Änderungsanforderun gen treiben die UI Entwicklung

Änderungen der **Ablaufstruktur** ergeben z.B. neue Dialogseiten oder die Reihenfolge der Dialogseiten ändert sich. Änderungen der **Anforderungen an die Anzeige und Bedienung** beeinflussen den **Aufbau der Dialogseiten und des Dialograhmens**, die Kontrollelemente und Interaktionen. **Änderungen der Interaktionen** bedingen, dass Informationen anders als bisher verarbeitet werden müssen. **Änderungen im Kontext** bringen das Auswerten neuer Informationen mit sich. Zusätzliche Dialoginhalte können dazu führen, dass Dialogelemente anders angeordnet werden müssen.

Die **Dialoginhalte-Sicht** muss mit Veränderungen der darzustellenden Informationen umgehen.

Die **Ablaufstruktur-Sicht** muss mit Veränderungen der Ablaufreihenfolge umgehen.

Die **Interaktionen-Sicht** muss mit Veränderungen der Ereignisse und Reaktionen umgehen.

Die **Kontext-Sicht** muss mit Veränderungen der auszuwertenden Situationen und der zugrunde liegenden Daten umgehen.

Die **Anzeige- und Bedienkonzept-Sicht** muss mit Veränderungen der Anforderungen an Layout und Informationsfluss umgehen.

Änderungsrobustheit ist also der ausschlaggebende Faktor in allen Bereichen. Damit das UI funktioniert, muss man sich festlegen. Zugleich kann jede Festlegung mit dem nächsten CR hinfällig werden. Grundlegende Änderungen an Konzepten können verheerende Auswirkungen auf den programmierten Source Code haben, Programmierer bestehen daher aus guten Gründen auf ausgereifte Spezifikationen vor Beginn der Programmierung. Andererseits verstehen erfahrene Entwickler, dass man sich im Umgang mit einer unüberschaubarer Komplexität nicht frühzeitig festlegen darf.

Beim Entwickeln einer Applikation hat man es also über den gesamten Projektverlauf mit Änderungen am User Interface zu tun. Daraus ergibt sich der Bedarf, dass die Spezifikation und die Umsetzung des User Interface **änderungsrobust** sein müssen.

Ein User Interface bzw. dessen Spezifikation hat unterschiedliche Betrachtungsperspektiven: **Inhalte, Strukturierung, Anzeige und Bedienung, Interaktionen, Situationskontext**. Beim Spezifizieren bzw. Umsetzen braucht man also **änderungsrobuste Formulierungsmöglichkeiten** für diese fünf Informationsachsen.

Bild 134: Aspekte der Änderungsrobustheit

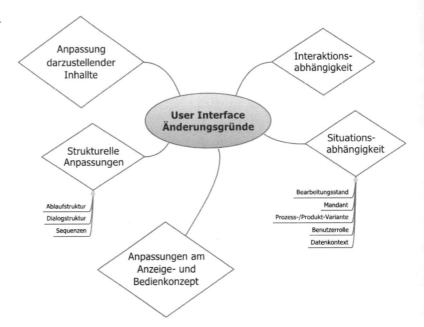

Beispiel:

Änderungsrobuster User Interface Entwurf anhand des Informationsflusses und der Infoobjekte.

Anforderungen (in Kurzform):

- 1. Hotels suchen; Parameter für die Suche: Ort, Datum, Zimmerkriterien
- 2. Hotelauswahl treffen; Trefferliste (abhängig von den Suchkriterien): Angaben zum Hotel, Auswahl: Einen aus der Liste wählen
- 3. Bei gültiger Auswahl: Buchung erfassen, Personendaten erfassen, Zahlungsart + Karteninfo
- 4. Wenn alle Angaben vollständig: Alles nochmals anschauen und Buchung auslösen
- 5. Nach erfolgter Buchung: Buchungsbestätigung erhalten

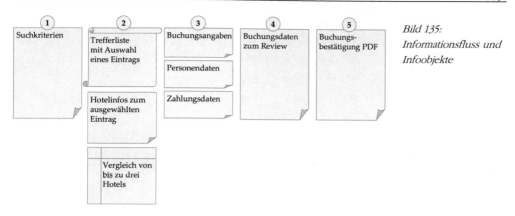

Bild 135:
Informationsfluss und
Infoobjekte

Diese Entwurfsmethode zeigt die benötigten Datengruppen auf, und wann diese im Verlauf des Anwendungsfalls auftreten. Infoobjekte, die zur selben Ablaufphase gehören, werden untereinander gezeichnet.

Dabei kann man die User-Aktionen, mit denen die Infoobjekte gesteuert werden, bereits mit planen, oder sie aber zunächst der Übersicht halber weg lassen.

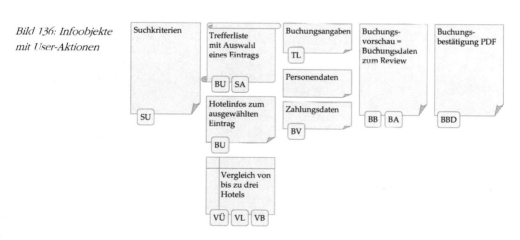

Bild 136: Infoobjekte
mit User-Aktionen

Mit User-Aktionen an den Infoobjekten ist der Entwurf vollständiger, aber auch komplexer.

- VÜ = Hotel in Vergleichsspalte 1, 2, oder 3 übernehmen
- VL = Vergleichsspalte 1, 2, oder 3 leeren
- VB = Zur Buchung mit Hotel aus Vergleichsspalte 1, 2, oder 3
- BU = Zur Buchung mit dem in der Trefferliste ausgewählten Hotel
- SA = Suchkriterien anpassen (d.h. Suchmaske zeigen)
- SU = Suche durchführen, anschließend Trefferliste zeigen

- BV = Buchungsvorschau
- TL = Zurück zur Trefferliste, um dort evtl. ein anderes Hotel auszuwählen
- BB = Buchung bestätigen
- BA = Buchung anpassen (also zurück zur Erfassung)
- BBD = Buchungsbestätigung drucken

Änderungsrobuste Spezifikation der Infoobjekte mit einer DSL:

```
start with ~Suchkriterien
step Suchkriterien
step Trefferliste
step Buchungsdaten
step Buchung_absenden
step Buchungsbestätigung
screen Suchkriterien
  form with ~Suchkriterien
    button Go
      description Suche durchführen
      on_push_do ~FindHotels.
        go ~Trefferliste
screen Trefferliste
  list with ~Hotel
    button Zur Buchung >
    button < Suche ändern
  form with ~Hoteldetails
    button Zur Buchung >
  comparelist Hotelvergleich
      with ~Hoteldetails
    button Hinzufügen
    button Spalte leeren
    button Zur Buchung >
      description Hotel aus
        Vergleichsspalte x buchen
screen Buchungsdaten
  form Buchung with
      ~Suchkriterien. ~Hoteldetails
  form with ~Personeninfo
  form with ~Zahlungsform
    button Buchungsvorschau
screen Buchung_absenden
  form Buchungsvorschau with
      ~Suchkriterien. ~Hoteldetails.
      ~Personeninfo. ~Zahlungsform.
      ~AGBs
    button Buchung bestätigen
    button < Anpassen
screen Buchungsbestätigung
  form with ~Buchungsinfo
    button Drucken
    button Schließen
```

Nun können die Infoobjekte ausspezifiziert werden. Neue Ablaufschritte, Interaktionen, Dialogelemente, Kontexte sowie Anzeige-und-Bedienanforderungen können integriert werden, ohne dass das bisher Erarbeitete weggeworfen werden muss.

5.4 Iterationen / Waschgänge

Unter iterativer Arbeitsweise versteht man die **vertiefende Wiederholung** einzelner Arbeitsschritte oder der gesamten Aufgabe. Die zunächst grobe Ausgestaltung wird bei der Wiederholung überarbeitet, verfeinert und ergänzt.

Beim iterativen Entwickeln von Software wird in jeder Iteration jeweils das gesamte System betrachtet, jedoch in unterschiedlicher (wachsender) Detailtiefe. Beim Entwickeln von User Interfaces bezieht sich jede Iteration, bzw. „Waschgang" ebenfalls auf die gesamte Applikation.

Jeder Waschgang hat das Ziel, den User Interface Entwurf über das gesamte Modell (d.h. aus allen Sichten: Anforderungen, Inhalte, Ablaufstruktur, Interaktionen und Kontext gleichmäßig auf den zum Ziel gesetzten Stand (Reifegrad) zu bringen.

Auf Grundlage der Iterationseinteilung in Inception, Elaboration, Construction und Transition kann die UI-Entwicklung in mehreren, nach Möglichkeit klar festgelegten „Waschgängen" durchgeführt werden.

Systeme, die komplexe Funktionen und Prozesse abbilden, haben mehr als eine Dialogseite und erfordern ein systematisches Vorgehen. Ich empfehle Ihnen ein Vorgehen in den folgenden Iterations-Ebenen.

1. Ideen-Ebene: Im diesem ersten Waschgang ist alles erlaubt, was die Vision weiterbringt, also entwerfen Sie zuerst ruhig ein-zwei Dialogseiten, die Grundzüge des Anzeige- und Bedienkonzeptes, eine Skizze des Funktionsumfangs, eine Mindmap etc.

2. Anforderungen und Rahmenbedingungen: Ergebnis: Katalog der Anforderungs- und Restriktionen, z.B. bei einer Kundenverwaltung: Browserapplikation, soll das Verwalten von Kunden, Interessenten, Kontakten und deren Aufträge, Vorgänge ermöglichen; Auftrag erfassen, Auftragsbestätigung drucken, Status abrufen, Status ändern.

3. Konkretisieren der Verwendungsszenarien:

- Actors-Set: Beschreiben der Anwender und ihrer Kontexte
- Story-Board: Beschreiben des Anwendungsgeschehens

- Systemgrenzen-Diagramm (bei größeren Systemen IDEF0 Dekomposition)
- Use Case Diagramme und Aktivitätsdiagramme
- Use Case und Workstep Hierarchie als Gliederungsliste

4. Workflow und Dialogfluss:

- Step-Hierarchie (Excel, Lucia Graph, Lucia Skript)
- Hauptpfade, Workflow Steps, Service Steps, Sub-Steps
- Ergebnis: Vernetzte Liste attributtierter Steps (Steps stehen in Vorgänger/Nachfolger Beziehung zueinander; attributtiert: Steps haben eingetragene Eigenschaften, z.B. Bezeichnung, Zweck, Vorbedingungen, Ergebnis, Klassifikationsmerkmale)

5. Dialogentwurf:

- Spezifizieren der Dialoginhalte, des Layouts für diese Inhalte und der Interaktionen an den Bedienungselementen (pro Dialogseite)
- Ergebnis: Dialogmodell

Bild 137: User Interface Bau in Phasen und Artefakten

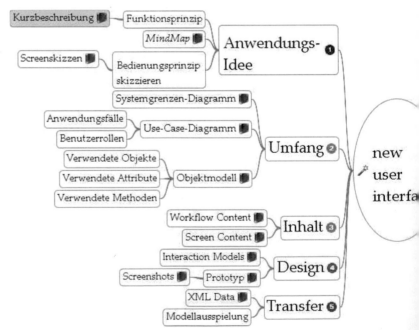

Iterationsstufen:

UI-Inception: Inhaltlich abgrenzen

In der UI-Inception liegt der Schwerpunkt auf der inhaltlichen Abgrenzung des User Interface. Ziel ist, die Breite der Softwareoberfläche zuverlässig abzustecken. Mit der während der UI-Inception aufgestellten „UI-Landkarte" kann man sicherstellen, dass man im späteren Entwicklungsverlauf nicht durch das „Entdecken neuer Länder" überrascht wird.

UI-Elaboration: Sammeln und ordnen

In der UI-Elaboration liegt der Schwerpunkt auf dem Sammeln und dem Ordnen von Bestandteilen, aus denen sich das User Interface zusammensetzt (Ablaufstruktur, Kontrollelemente, Verhaltenselemente). Ziel ist, dass das Gefüge aus Dialogen mitsamt ihrer Anzeige- und Bedienelemente sowie die Arbeitsabäufe möglichst vollständig bekannt sind.

UI-Construction: Formen und verknüpfen

In der UI-Construction liegt der Schwerpunkt auf dem Formen und Verknüpfen der User Interface-Bestandteile. Dazu gehört das Formulieren von Übergängen zwischen Dialogeinheiten und das Benennen der Bedingungen für diese Übergänge. Ziel ist, dass das UI für den Anwender anfassbar und erlebbar wird und anhand einer Simulation bestätigt werden kann.

UI-Transition: In Kontext einbetten

In der UI-Transition liegt der Schwerpunkt auf dem Verknüpfen des User Interface mit der Funktionalität und mit dem Datenkontext. Dazu gehört das Ausdetaillieren von Verhaltensbedingungen, Nebenpfaden, Ausnahmenbehandlung, Besonderheiten der Bedienung und Implementierungsdetails. Ziel ist das Erreichen der Umsetzungsreife in der Zielplattform.

5.5   RUP und V-Modell

Der RUP legt grundlegende Arbeitsschritte fest:

Kernarbeitsschritte

- Geschäftsprozessmodellierung (Business Modeling)
- Anforderungsanalyse (Requirements)
- Analyse & Design (Analysis & Design)
- Implementierung (Implementation)
- Test (Test)
- Auslieferung (Deployment)

Unterstützende Arbeitsschritte

- Konfigurations- und Änderungsmanagement (Configuration & Change Management)
- Projektmanagement (Project Management)
- Infrastruktur (Environment)

Orthogonal dazu gibt es im RUP vier **Phasen**, in welchen jeder der Arbeitsschritte unterschiedlich stark zur Anwendung kommt:

- Konzeption (Inception)

- Entwurf (Elaboration)
- Konstruktion (Construction)
- Übergabe (Transition)

Diese Phasen sind in Iterationen unterteilt.

Das V-Model unterteilt Entwicklungsprojekte in vier Subsysteme:

- SE – Systementwicklung
- PM – Projektmanagement
- QM – Qualitätsmanagement
- KM – Konfigurationsmanagement

Bezug zur User Interface-Entwicklung: Der Prozess ist ein Vorgehensrahmen, in dem sich das Entwickeln des User Interface im konkreten Projekt als Kernthema Platz schaffen muss. Es ist die Aufgabe des Projektleiters, das UI als einen zum Objektmodell und Funktionsentwicklung gleichwertigen Entwicklungsstrang zu etablieren.

5.6   CMMI

Das Capability Maturity Model Integration (kurz CMMI) ist eine Familie von Referenzmodellen für unterschiedliche Anwendungsgebiete - derzeit für die Produktentwicklung, den Produkteinkauf und die Serviceerbringung. Ein CMMI Modell ist eine systematische Aufbereitung von Anforderungen, um die Verbesserung einer Organisation zu unterstützen.

CMMI ist ein Reifegradmodell zur Beurteilung der Qualität ("Reife") des Softwareprozesses (Softwareentwicklung, Wartung, Konfiguration etc.) von Organisationen sowie zur Bestimmung der Maßnahmen zur Verbesserung desselben.

Capability Maturity Model Integration ist:

- Ein „TÜV" für Potential und Reife von Prozessen
- Eine Sammlung von Checklisten für Prozessverbesserung
- Eine Aufzählung von generischen und spezifischen Praktiken und Zielen

Für das Entwickeln von User Interfaces sind insbesondere die Prozessgebiete des Anforderungsmanagements, der Anforderungsentwicklung, des Änderungs- und des Konfigurationsmanagements von Bedeutung. Beim Entwickeln einer Applikation fallen von Anfang an viele Informationen in Form von Anforderungen, Rahmenbedingungen und Restriktionen bezüglich des User Interfaces an. Sie sind stark miteinander vernetzt und unterliegen während des gesamten Entwicklungsprozesses kleinen und größeren Veränderungen: Sie werden ergänzt, detailliert, verworfen und ggf. wieder aufgenommen. Um mit diesem Informationsgeflecht im Team effizient umgehen zu können, müssen entsprechende Praktiken und Prozesse ausgeübt werden, über welche das CMMI einen guten Überblick bietet. Auch die Prozessgebiete der Verifikation und der Validierung sind für das Entwickeln von User Interfaces wichtig. Sie zeigen auf, welche Instrumente und Vorgehensweisen verfolgt werden sollten, um sicherzustellen, dass die Applikation korrekt und für ihren Verwendungszweck geeignet ist.

Ein Prozessgebiet ist jeweils eine Zusammenfassung der Anforderungen zu einem Thema, z.B. zu Projektplanung. Jedes Prozessgebiet umfasst Ziele und Praktiken, die erreicht bzw. ausgeübt werden sollen.

- Spezifische Ziele gelten nur für das jeweilige Prozessgebiet und beschreiben die speziellen Anforderungen für dieses Prozessgebiet.

- Generische Ziele beschreiben die sogenannte "Institutionalisierung" des Prozessgebietes, also all das, was zu tun ist, damit die spezifischen Ziele regelmäßig, dauerhaft und effizient umgesetzt werden. Diese Ziele sind übergreifend für die verschiedenen Prozessgebiete formuliert und werden daher als generisch bezeichnet. Die verschiedenen generischen Ziele beschreiben die unterschiedliche Intensität, mit der das jeweilige Prozessgebiet institutionalisiert wird.

- Jedem Ziel sind ein oder mehrere Praktiken zugeordnet, mit denen das Ziel erreicht werden soll. Es gibt spezifische Praktiken, die zu jeweils einem Prozessgebiet gehören und dazu dienen, ein spezifisches Ziel zu erreichen, und generische Praktiken, die dazu dienen, ein generisches Ziel zu erreichen.

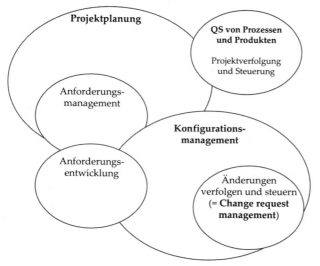

Projektplanung

QS von Prozessen und Produkten

Projektverfolgung und Steuerung

Anforderungs-management

Konfigurations-management

Anforderungs-entwicklung

Änderungen verfolgen und steuern (= Change request management)

Bild 138:
CMMI Prozessgebiete
für
Softwareentwicklung

CMMI Prozessgebiete im Überblick:

Anforderungsmanagement (REQM) * Projektplanung (PP) * Projektverfolgung und Steuerung (PMC) * Lieferantenvereinbarungen verwalten (SAM) * Messen und Analysieren (MA) * QS von Prozessen und Produkten (PPQA) * Konfigurationsmanagement (CM) * Anforderungsentwicklung (RD) * Technische Umsetzung (TS) * Produktintegration (PI) * Verifikation (VER) * Validation (VAL) * Organisationsweiter Prozessfokus (OPF) * Organisationsweite Prozessdefinition (OPD) * Organisationsweites Training (OT) * Integriertes Projektmanagement (IPM) * Risikomanagement (RM) * Entscheidungsanalyse und Findung (DAR) * Performanz der organisationsweiten Prozesse (OPP) * Quantitatives Projektmanagement (QPM) * Organisationsweite Innovation und Verbreitung (OID) * Ursachenanalyse und Problemlösung (CAR)

Vorteil von CMMI ist, dass es unterschiedliche Sichten auf die Organisation von Projekten zusammenführt. Es ermöglicht einen Überblick über die zu berücksichtigenden Aspekte des Entwicklungsprozesses und eine Einordnung der Prozessqualität und der Risiken im eigenen Projekt. Es lässt jedoch offen, wie die jeweiligen Ziele und Praktiken umgesetzt werden sollen.

CMMI ist also ein a-posteriori-Bewertungssystem für Prozesse. Es definiert nicht den Prozess, sondern nur die Qualitätskriterien bzw. Qualitätsanforderungen an den Prozess.

Bezug zur User Interface-Entwicklung: In Softwareprojekten sollten die Bewertungskriterien auf UI-Entwicklungsartefakte ausgedehnt werden. Die Aufgabe des QM, bzw. des Metriken-Verantwortlichen besteht darin, passende Bewertungskriterien in der Organisation zu etablieren.

5.7   Extreme Programming

Extreme Programming (XP) ist einer von so genannten agilen Prozessen für Softwareentwicklung und Projektmanagement - andere sind z.B. Scrum, Crystal [WP11cf] und Feature Driven Development (FDD).

Extreme Programming ist eine Methode, die das Lösen einer Programmieraufgabe in den Vordergrund der Softwareentwicklung stellt und dabei einem formalisierten Vorgehen geringere Bedeutung zumisst. Diese Vorgehensweise definiert ein Vorgehensmodell der Softwaretechnik, das sich den Anforderungen des Kunden in kleinen Schritten annähert.

Empfehlenswert ist dabei der Einsatz eines Issue Trackers.

Die Entwicklung erfolgt in Perioden von ein bis drei Wochen. Am Ende jeder Iteration steht ein funktionsfähiges, getestetes System mit neuer, für den Kunden verwertbarer Funktionalität.

Die Kunden halten ihre Anforderungen in Form von Geschichten („User Stories") auf gewöhnlichen Karteikarten fest.

Iterationsplanung

Jede Iteration beginnt mit einem Planungsmeeting, in dem das Kundenteam seine User-Stories erzählt und sie mit dem Programmierteam diskutiert. Die Programmierer schätzen den Aufwand ab, den sie zur Entwicklung jeder einzelnen Geschichte benötigen werden. Die Kunden wählen in Abhängigkeit der Aufwandsschätzungen den Kartenumfang für die Iteration aus.

Die Programmierer zerlegen die geplanten User-Stories in technische Aufgaben, übernehmen Verantwortung für einzelne Aufgaben und schätzen deren Aufwände. Aufgrund der genaueren Schätzung der technischen Aufgaben verpflichten sich die Programmierer auf genauso viele User-Stories, wie sie in der Iteration entwickeln können.

Anforderungsdefinition im Dialog

Das für die anstehenden Programmieraufgaben nötige Verständnis der Anforderungen wird fortlaufend im Dialog mit den Kunden geprüft und vertieft. In Designsessions durchgespielt und ggf. technische Aspekte diskutiert. Während der gesamten Entwicklung sind die Kunden direkte Ansprechpartner zur Bewältigung fachbezogener Fragen.

Akzeptanztests

Die Kunden spezifizieren während der Iteration funktionale Abnahmekriterien. Spätestens zum Ende der Iteration müssen die Tests erfüllt sein, um die gewünschte Funktion des Systems zu sichern.

Die zu entwickelnde Funktionalität wird kurz und formlos in User-Stories beschrieben. Das meiste Wissen über die Funktionalität der zu entwickelnden Software befindet sich in den Köpfen der Beteiligten. User-Stories werden gewöhnlich nur relativ zueinander geschätzt. Zu Beginn einer Iteration wird deren Inhalt festgelegt. Anschließend kommt erst die Aufteilung der gewählten User-Stories in Tasks. Neuartig an dem XP-Ansatz ist, dass nicht nur einzelne Personen, sondern das ganze Team den jeweiligen Aufwand schätzt. Auch das Verfahren der Schätzung ist neu. Zu jeder User-Story gibt es zahlreiche Tests. Eine User-Story ist erst komplett abgeschlossen, wenn alle Tests erfolgreich abgelaufen sind.

Der Einsatz von XP verlangt einen experimentierbereiten Kunden, der nicht nur auf eine Reihe von üblichen Vorgehensweisen verzichtet, sondern auch bereit ist, selbst erhebliche Ressourcen aufzuwenden. [WP09ep]. Zu den Aspekten, auf die ein Kunde ungern verzichtet, gehören Dokumentation, Spezifikation und Termine.

5.8   Scrum

Scrum heißt wörtlich übersetzt „Gedränge". Es bezeichnet in seiner Originalbedeutung das Gedränge der Rugby-Spieler beim Einwurf des Spielballs. Beim Entwickeln von Software ist es ein System aus Meetings, Artefakten, Rollen und Werten [WP11sc].

Scrum postuliert als agile Methode die Bedingungen der agilen Software-Entwicklung, die 2001 im Agilen Manifest u. a. von Ken Schwaber und Jeff Sutherland formuliert wurden:

- 1. Individuen und Interaktionen gelten mehr als Prozesse und Tools.
- 2. Funktionierende Programme gelten mehr als eine ausführliche Dokumentation.
- 3. Die stetige Zusammenarbeit mit dem Kunden steht über Verträgen.
- 4. Der Mut und die Offenheit für Änderungen stehen über dem Befolgen eines festgelegten Plans.

In einer idealen Projektumwelt können diese Postulate sicher gelebt werden, allerdings setzen sie voraus, dass beide Vertragspartner in höchstem Maß Vertrauen zueinander haben. In kritischen Projektsituationen können sie schnell ihre Gültigkeit verlieren und zu zusätzlichen Projektrisiken mutieren.

Zum Beispiel:

- Potential für unproduktive Grundsatzdiskussionen über Vorgehensweise und Werkzeuge, wenn das Team mehrere „Häuptlinge" mit ausgeprägtem Profilierungsbedarf enthält. Gefahr von inhomogenen Infrastrukturen und infolge davon von unverhältnismäßig hohen Integrations- und Wartungsaufwänden.
- Potential für Diskussionen über die Bedeutung und inhaltliche Abgrenzung der Begriffe von Scrum an sich, wenn Scrum-Auslegungen als Ersatz für fehlende Festlegungen von Prozessen und Tools verwendet werden.
- Potential für Meinungsverschiedenheiten über den erreichten Grad der Funktionsfähigkeit, wenn eine formelle Abnahme der Software, z.B. durch eine Revisionsstelle, erfolgen soll. Gefahr von nachträglichen Festlegungen des Sollverhaltens mit Umbauaufwänden.
- Potential für vertragliche Auseinandersetzungen über den erreichten Fertigstellungsgrad des Projekts, wenn wichtige

Stakeholder wechseln. Gefahr eines (Rechts-)streits über das zu erstellende Werk.

- Potential für Konflikte über das zu erreichende Ziel, wenn neue Anforderungen hinzukommen und nicht ausreichend in die Gesamtarchitektur integriert werden. Gefahr von Hunterwasseranwendungen (Inkonsistenzen im Erscheinungsbild, im Verhalten und in der Architektur).

Das nachfolgende Diagramm zeigt eine Übersicht der Aktivitäten, Artefakte und Rollen in Scrum.

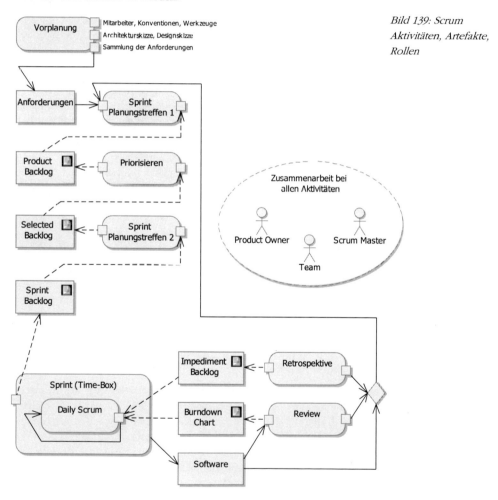

Bild 139: Scrum Aktivitäten, Artefakte, Rollen

Neben einer eigenen Vorstellung von der Projektumwelt bringt Scrum auch ein eigenes Vokabular mit. Die wichtigsten Scrum-Begriffe werden übersichtlich zum Beispiel unter http://scrum-master.de/files/Scrum_on_1_page.pdf und unter http://scrum-master.de/Scrum-Glossar/ erklärt.

Scrum-Rollen:

Scrum kennt drei Rollen für direkt am Prozess Beteiligte:

- Product Owner (stellt fachliche Anforderungen und priorisiert sie). „Product Owner instead of Product Manager"
- ScrumMaster (moderiert den Prozess und beseitigt Hindernisse). „Scrum Master instead of Team- or Project leader"
- Team (entwickelt das Produkt). „The Team becomes the management role"

Daneben gibt es als Beobachter und Ratgeber noch die Stakeholder (sonstige Projektbeteiligte).

Der Product Owner legt das gemeinsame Ziel fest, das das Team zusammen mit ihm erreichen muss. Zur Definition der Ziele dienen ihm User Stories.

Das Team arbeitet selbstorganisiert im Rahmen einer Time Box (dem Sprint) und hat das Recht (und die Pflicht), selbst zu entscheiden, wie viele Elemente des Backlogs nach dem nächsten Sprint erreicht werden müssen, man spricht dabei von commitments.

Der ScrumMaster hält die Transparenz während der gesamten Entwicklung aufrecht und unterstützt dabei, Verbesserungspotentiale zu erkennen und zu nutzen.

Artefakte

Das Product Backlog enthält die Features des zu entwickelnden Produkts. Es umfasst alle Funktionen, die der Kunde wünscht, zuzüglich technischer Abhängigkeiten.

Das Selected Backlog enthält alle Aufgaben, die notwendig sind, um das Ziel des Sprints/Projekts zu erfüllen.

Das Sprint Backlog enthält alle Detail-Aufgaben, die notwendig sind, um das Ziel des Sprints zu erfüllen.

Das Burndown Chart ist eine graphische, pro Tag zu erfassende Darstellung des noch zu erbringenden Restaufwands pro Sprint. Im Idealfall fällt die Kurve kontinuierlich (daher Burndown) und der Restaufwand ist am Ende des Sprints Null. Das Chart lässt anhand der Verlängerung der negativen Steigung bereits während des Sprints erkennen, ob der anfangs geschätzte Aufwand umgesetzt werden kann.

In das Impediment Backlog werden alle Hindernisse des Projekts eingetragen. Der ScrumMaster ist dafür zuständig, diese gemeinsam mit dem Team auszuräumen.

Aktivitäten

Im Sprint Planungstreffen 1 erklärt der Product Owner dem Team alle einzelnen Backlog–Einträge die für den nächsten Sprint benötigt werden. Außerdem einigt er sich mit dem Scrum Team auf das Sprint–Ziel. Dieses Sprint–Ziel bildet nach dem Sprint die Basis für die Abnahme. Die höchst priorisierten Einträge des Product Backlog werden entsprechend dem Ergebnis des Treffens in das Selected Backlog übernommen.

Im Sprint Planungstreffen 2 werden alle Arbeiten (also die Einträge im Selected Backlog) an die Mitglieder möglichst gleich verteilt. Dazu werden die Selected-Backlog-Einträge in Aufgaben zerlegt, die in weniger als einem Tag bearbeitet werden können. Aus den Aufgaben und deren Verteilung entsteht das Sprint Backlog.

Ein Sprint bezeichnet die Umsetzung einer Iteration, Scrum schlägt ca. 30 Tage als Iterationslänge vor.

Im Daily Scrum Meeting stellt sich das Team gegenseitig die folgenden Fragen: „Welche Aufgaben hast du seit dem letzten Meeting fertiggestellt?", „Welche Aufgaben wirst du bis zum nächsten Meeting bearbeiten?", „Gibt es Probleme, die dich bei deinen Aufgaben behindern?"

Nach einem Sprint wird das Sprint-Ergebnis einem informellen Review durch Team und Kunden unterzogen. Dazu wird das Ergebnis des Sprints (die laufende Software) vorgeführt, eventuell werden technische Eigenschaften präsentiert. Der Kunde prüft, ob das Sprint-Ergebnis seinen Anforderungen entspricht, eventuelle Änderungen werden im Product Backlog dokumentiert.

In der Retrospektive wird die zurückliegende Sprint-Phase betrachtet. Es handelt sich dabei nicht um Lessons Learned, sondern um einen zunächst wertfreien Rückblick auf die Ereignisse des Sprints. Eine mögliche Vorgehensweise ist, dass alle Teilnehmer dazu die für sie wichtigen Ereignisse auf Zetteln notieren und sie dem Zeitstrahl des Sprints zuordnen. Anschließend schreiben die Teilnehmer alle Punkte auf, welche ihnen zu den Fragen „Was war gut?" (Best practice) bzw. „Was könnte verbessert werden?" (Verbesserungspotential) einfallen. Jedes Verbesserungspotential wird priorisiert und einem Verantwortungsbereich (Team oder Organisation) zugeordnet. Alle der Organisation zugeordneten Themen werden vom ScrumMaster aufgenommen und in das Impediment Backlog eingetragen. Alle teambezogenen Punkte werden in das Product Backlog aufgenommen.

Das Ziel agiler Softwareentwicklung ist es, den Softwareentwicklungsprozess flexibler und schlanker zu machen, als das bei den klassischen Vorgehensmodellen der Fall ist.

Man möchte sich mehr auf die zu erreichenden Ziele fokussieren und auf technische und soziale Probleme bei der Softwareentwicklung eingehen.

Die Agile Softwareentwicklung ist eine Gegenbewegung zu den oft als schwergewichtig und bürokratisch angesehenen traditionellen Softwareentwicklungsprozessen wie dem Rational Unified Process oder dem V-Modell.

Scrum ist – als aktuell populärer Vertreter des agilen Ansatzes – von Vorteil, wenn ein Hochleistungsteam aus Personen mit überdurchschnittlichen Fach- und Kommunikations-Skills als Taskforce für ein hochpriorisiertes (und meist zeitkritisches) Thema eingesetzt wird. Agile Entwicklung braucht agile Ressourcen und ein agiles Umfeld.

In hierarchisch geprägten Organisationen ist eine agile Vorgehensform leicht als „Chaostruppe" und „Überflieger" angreifbar und daher meist nur unter Schutzatmosphäre (zum Beispiel durch das direkte Protektorat eines Hauptabteilungsleiters) durchführbar.

5.9   User Model Based Development

Eine auf **Anwendermodelle** basierte Entwicklung ist ein Vorgehen, bei dem die Aktivitäten, Aufgaben und Ziele von „erdachten" Referenz-Anwendern Grundlage des Designs bilden. Die Anwendermodelle beschreiben, ähnlich wie die aus Extreme Programming bzw. Scrum bekannten User Stories (siehe auch Anwendermodelle), die subjektive Situation eines Users und dessen Lösungsweg zur Bewältigung der Aufgabe, bei der er von der Applikation unterstützt werden soll.

In [Spol01] wird ein möglicher Ansatz zur Umsetzung der auf Anwendermodelle basierten Entwicklung beschrieben.

Originaltext:

>>

1. Invent some users

2. Figure out the important activities

3. Figure out the user model -- how the user will expect to accomplish those activities

4. Sketch out the first draft of the design

5. Iterate over your design again and again, making it easier and easier until it's well within the capabilities of your imaginary users

6. Watch real humans trying to use your software. Note the areas where people have trouble, which probably demonstrate areas where the program model isn't matching the user model.

<<

Diesen Ansatz interpretiere ich folgendermaßen:

- 1. Erfinde einige (typische) Anwender (d.h. deren Profil, Ausgangssituation und Zielsetzung im Kontext der Aufgabenstellung, bei der die durch die zu entwickelnde Applikation unterstützt werden sollen).

- 2. Ermittle die wichtigsten Aktivitäten dieser Anwender (d.h. welche verschiedenen, konkreten Aufgaben und Ergebnisse will der Anwender erledigen bzw. erreichen).

- 3. Ermittle das „Anwendermodell": Die Sicht des Anwenders auf den Weg, auf dem er seine Aufgaben zu erledigen erwartet.

- 4. Skizziere ein User Interface, das diesen Weg abbildet.

- 5. Vereinfache die Arbeitsschritte des Entwurfs solange, bis das User Interface Design zu den Fähigkeiten (und Arbeitsweisen) der imaginären Anwender passt.

- 6. Sehe Dir an, wie echte Anwender die Applikation anzuwenden versuchen (z.B. in einem Usability Lab). Die Bereiche, in denen die Anwender Schwierigkeiten mit der Anwendung haben, sind wahrscheinlich die, in denen das von der Applikation angenommene Anwendermodell nicht mit dem tatsächlichen Anwendermodell übereinstimmt.

Beispiel „Ein Schnitzel bitte!":

Der Gast bestellt im Restaurant ein Schnitzel Wiener Art (der Einfachheit wegen ohne Beilagen)

- Nutzfall: Eine Mahlzeit servieren
- Primärfrage: Wie wird das zubereitet und aufgetischt?
- Folgefrage: Was müssen wir tun? Was brauchen wir dazu?
- Zum Servieren: Teller, Besteck, Beilagen,
- Rollen und Skills: Koch, Kellner, etc.
- Schnitzelfleisch, Panade, Bratfett, Pfanne
- Rezept für das Zubereiten des Schnitzels
- Grundlagen der thermischen Verarbeitung von Fleisch
- Grundlagen der Fleischkunde

Die Praxis des User Model Based Development startet also beim Nutzfall und geht mit dem Know-How-Bedarf vom Erlebten auf die technischen Grundlagen zurück. Bei diesem anwendergesteuerten Weltbild ergibt sich die Existenz und Beschaffenheit von Pfanne und Schnitzelfleisch logisch aus dem Wunsch nach dem Schnitzel.

Die Anwendermodell basierte Entwicklung ist ein evolutionärer Ansatz, d.h. die Applikation, die der Entwickler zunächst (auf Basis seiner angenommenen Anwendermodelle) erstellt, wird dem Anwender vorgestellt und dann auf Basis der Erfahrungen aus Usability Tests solange angepasst, bis sie wirklich passt. In der Praxis kann man sich diese Vorgehensweise nur für Consumer Software „leisten".

Im Projektgeschäft hingegen wird der Auftraggeber selten bereit sein, die Schrittweise Annäherung an die Bedürfnisse der Anwender zu finanzieren, sondern die Aktivitäten und Arbeitsweisen als feststehende Anforderungen in Projekt einbringen.

5.10   Socken für Softwarehauselfen

Dieses Kapitel listet (ungeordnet) einige Tipps zur Vermeidung von gängigen Fehlern beim Entwickeln von User Interfaces auf.

Bild 140: Read Do's and Don'ts...

...before entering the Software Development Jungle

Anwendungssoftware wird für Menschen entwickelt. Und zwar für Anwender. Soviel zur Theorie. Sie wird auch und vor allem für den entwickelt der sie bezahlt, also für den Auftraggeber oder den Chef, also für jemand, der sie so und so haben will. Und zwischendurch hat auch der Engineer einen Selbstverwirklichungsschub und baut das Feature ein Stück weit so, wie es ihm gefällt. VIPs und deren So-möchte-ich-es-aber-haben Ansprüche gehören zu einem Entwicklungsprozess dazu. Anwender kommen erst in der zweiten Reihe zum Zuge. Eine Umgebung zu schaffen, in der die Software ausschließlich Usability getrieben entwickelt wird, ist knifflig. Softwareentwicklung ist eben kein demokratischer Prozess.

Content is King. Ein schlichtes User Interface mit überragender Funktion wird allseits geschätzt. Ein UI, das wie das Interieur eines kardasianischen Raumschiffs daherkommt, aber sagen wir mal, nicht mehr kann, als das gute alte Paint, teilt das Schicksal aller Hochstapler. Letztlich zählt die Funktion, das UI ist nur ein, wenn auch ein unverzichtbares, Medium. Der Anwender interessiert sich ausschließlich für seine Anwendungsfälle, nicht für die Anwendungsprogramme per se.

Feature Complete macht Usability: Entwickeln sie keine halben Anwendungen. Wenn man z.B. mit einem Programm einen Text schreiben kann, wird man diesen Text auch drucken wollen. Lassen Sie keine Features weg, die auf der Assoziationsachse liegen.

Mehrfachauswahl kommt oft unverhofft: Aus Ja/Nein können leicht mehrere Alternativen werden. Beim Design sollte man von vornehrein prüfen, ob ein Auswahlschlüssel mehr als die beiden booleschen Alternativen haben kann und ggf. die Erweiterbarkeit sicherstellen. Beim User Interface Design ist dann eine Drop-Down-Liste einer Checkbox vorzuziehen.

Optionen wälzen Design-Entscheidungen auf Anwender ab. Viele Einstellungen fordern auch viele Entscheidungen des Anwenders. Ob man z.B. Dateierweiterungen anzeigt oder nicht anzeigt, oder an Termine erinnert werden will, ist fallabhängig und daher besser auf der jeweiligen Dialogseite untergebracht als in einer zentralen Einstellung.

Bild 141: Ganz viele Einstellungen

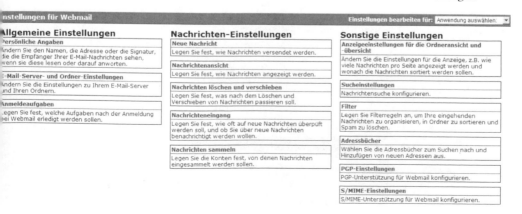

Bild 142: Nutzlose
Einstellungen

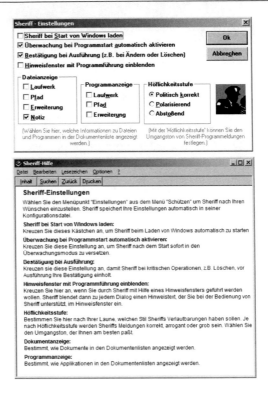

Programmmeldungen und Nachfragen sind nervig. Eine Applikation, die ständig beim Anwender nachfragt, ob sie linksherum oder rechtsherum weitermachen soll, hat den Anwendungsfall meist nicht gut abgebildet. Nachfragen wälzen Dinge, die das Programm algorithmisch abbilden könnte, auf den Benutzer. Dann schon lieber eine Option.

Bild 143: Sicher ist
sicher

Excel Report in
Mercury Quality
Center weist dreimal
hintereinander darauf
hin, dass es diese
Datei schon gibt

Beispiel: Excel Report in MQC, Erster Akt:

Zweiter Akt, sicher ist sicher:

Dritter Akt: Jetzt vergewissert sich auch Excel:

Anwender lesen keine Meldungen. Eigentlich lesen Anwender überhaupt nicht.

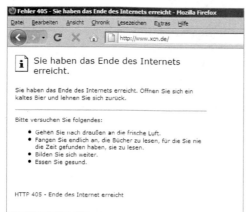

Bild 144: HTTP Meldung 405

Meist sagen Fehlermeldungen wenig Hilfreiches aus, unabhängig davon, ob Sie dies mit viel oder mit wenig Text umsetzen.

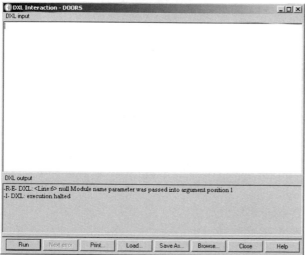

Farben und Fonts sind Lack und Federn. UI Entwicklung bitte in Schwarzweiß und mit einem einzigen Font in einer Größe. Ein bisschen Make Up kommt, wenn überhaupt, zum Schluss.

Konsistenz schafft Vertrauen. Eine Bediensituation sollte in einer und derselben Software nicht auf unterschiedliche Weisen gelöst werden.

In dieser Posteingangsliste ist fast alles klickbar, reagiert aber unterschiedlich. Die unter der Liste stehenden Symbole sehen wie Schaltflächen aus, sind aber keine.

Mechanik ist vertraut. In der mechanischen Welt, da kennt man sich aus. Deshalb sollten möglichst viele Bedienelemente auf den Metaphern von mechanischen Bedienelementen (Dreh- und Drückknöpfe, Wahlhebel, Schieberegler) aufbauen. „Softwaremechanik" wird intuitiv vom Anwender verstanden.

Bild 145:
Softwaremechanik ist
intuitiv

Zum Beispiel begreift
man bei Tetris sofort,
dass die Steine nach
unten fallen.

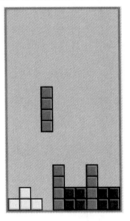

Projektkunden verstehen vergleiche mit Autos und Häusern.

Entwicklungsmetaphern helfen im Gespräch mit Kunden.

Im Rahmen der Entwicklung wird oft von Architektur und Architekten gesprochen:

In diesem Zusammenhang ist der Vergleich „Haus" analog zu "Software" (="Bauplan" analog zu "Spezifikation") oft hilfreich, um dem Bauherren (sinngemäß: „Auftraggeber für eine Software-Applikation") das Aussehen und die Funktionsweise aufzuzeigen. Etwas in dieser Art lässt sich möglicherweise auch recht anschaulich darstellen:

Also z.B.

- ein Haus-Eingang/Ausgang ist vergleichbar mit einem Login/Logout.

- ein Flur mit vielen Türen ist vergleichbar mit einer Navigation und/oder einem Berechtigungskonzept.

- ein bestimmter Weg durch das Haus ist vergleichbar mit einem Workflow.

- ein Lichtschalter löst eine bestimmte Aktion/Funktion aus.

usw.

5.11 Wrap Up

Rückblick: Die Art und Weise, in der das User Interface einer Software Funktionen zu Verfügung stellt, repräsentiert die Vorstellungen der Entwickler über die Art und Weise, wie der Anwender die Applikation verwenden wird. Im Entwicklungsprozess kommt es also entscheidend darauf an, möglichst viele Informationen über die tatsächlichen Anwendermodelle zu den Entwicklern hin zu transportieren. Zweck dieses Transfers ist, dass sich die Vorstellungen der Entwickler über die Anwendungsfälle, deren Anwender und die Verwendungssituationen möglichst mit der von den Anwendern erlebten Wirklichkeit decken. Das dazu eingesetzte Vehikel ist die User Interface Spezifikation, und damit die Formulierungsmöglichkeiten der eingesetzten Spezifikationssprache. Das Gelingen eines Entwicklungsprozesses ist mitnichten von den Werkzeugen abhängig, aber auch davon wie die Arbeit organisiert und innerhalb des Teams kommuniziert wird. Die in den vorangehenden Kapiteln zusammengetragenen Methoden, Vorgehensmuster und Beispiele sollten Ihnen eine solide Basis hierfür bieten.

Ausblick: Der Personal Computer (welcher inzwischen meist mit einem Notebook mit allen Leistungsmerkmalen eines stationären Computers sowie mit Internetanschluss gleichzusetzen ist) und das Mobiltelefon (das inzwischen mehr als ein PDA mit Telefonierfunktion, denn als Telefon mit Zusatzfunktionen aufgefasst werden kann) sind bis auf weiteres die wichtigsten Geräte, auf denen Software User Interfaces laufen. Zu diesen beiden Plattformen kommen im signifikanten Abstand die in Fahrzeugen eingebetteten Navigations- und Infotainment Geräte hinzu. Eine erkennbare Tendenz geht zur Integration der Telefonier-PDAs mit dem Zentralbildschirm des Autos hin. Der Anschluss eines iPhones und Durchgriff auf dessen Apps via MMI des Fahrzeugs ist bei führenden Automobilherstellern ein wichtiges Thema.

In diesem Gefüge dominieren Graphical User Interfaces. Die meisteingesetzten User Interface Elementformen sind dabei Listen mit Filter und Auswahl, Schaltflächen bzw. Links und Formularfelder. Weite Verbreitung haben auch interaktive Landkarten, auf denen die gesuchten Objekte (von Schloss bis Pizzeria) eingezeichnet sind.

Das GUI Paradigma wird aus meiner Sicht auf absehbare Zeit bestehen bleiben. Zu beobachten ist dabei jedoch, dass die

Grenzen zwischen den Applikationen durchlässiger werden und die Applikationen selbst kleiner, spezialisierter und kombinierbarer werden. Riesige Workflows und Dialogseiten mit 50 Eingabefeldern sind aus vielerlei Gründen passe. Die meist auf den Verkauf von Produkten oder Diensten ausgerichteten User Interfaces, meist in Form von Web Applikationen, sind kurz und zielorientiert.

Ebenso sichtbar ist, dass die etablierten Standards nicht mehr angegriffen werden. Office, Browser, Google, Windows sind gesetzt und wir können auf absehbare Zeit von einer stabilen Landschaft ausgehen, bei der vor allem eine Konsolidierung und Optimierung der Anwendungen innerhalb des erreichten hohen technischen Niveaus stattfindet.

Für die User Interface Entwicklung bietet diese relativ stabile Umwelt neue Chancen. Sie eröffnet den Entwicklern die Möglichkeit, sich auch die Informationsarchitekturen, Workflows, Ergonomie und Usability zu konzentrieren und hier nachzuholen, was bei der rasanten technischen Entwicklung der Plattformen in den vergangenen Jahrzehnten an Anwenderorientierung auf dem Weg liegen geblieben ist.

Allerdings wird in den Labors eine neue Art von User Interfaces entwickelt und getestet: Humanoide Haushaltsroboter. Sie können Gesichter erkennen, hören, tasten, sprechen sowie Gesten und einfache gesprochene Sätze interpretieren. Ihrerseits setzen diese Maschinen Mimik und Gestik ein, um dem Anwender Rückkopplung über Empfang von Anweisungen zu geben. Bill Gates soll davon überzeugt sein, dass in naher Zukunft jeder Haushalt seinen eigenen Roboter hat [Mobi0410]. Na dann.

Road Check „Design und Redesign"

RC21: Welche der unten genannten Informationsobjekte gehören zum Informationsgefüge eines User Interface? Hinweis: Gemeint sind Informationen, die zur Ausführungszeit der Applikation steuern, was an der Oberfläche passiert.

> ☐ *a) Ablaufschritte – repräsentieren Zustände des UI*
> ☐ *b) Bedienelemente – repräsentieren manipulierbare Dinge*
> ☐ *c) Interaktionen – repräsentieren Verhaltensregeln*
> ☐ *d) Kontextinformationen/Varianzregeln – repräsentieren die Umwelt*
> ☐ *e) Anforderungen und Restriktionen – repräsentieren die Zweckbestimmung*
> ☐ *f) Algorithmen – repräsentieren die Geschäftslogik*
> ☐ *g) Datenstrukturen – repräsentieren die Datenbasis*
> ☐ *h) Testfälle – repräsentieren die Validierungs- und Verifikationsszenarien*

RC22: Zählen Sie die fünf Betrachtungsperspektiven auf den Entwurf eines User Interface und erklären Sie in Stichworten ihren Inhalt.

Anhang

Glossar

Begriffe, die im Buch verwendet werden, werden hier erklärt (in alphabetischer Reihenfolge). Die hier vorgestellten Definitionen beziehen sich auf den Kontext von User Interfaces von Software und sind deshalb nicht allgemein anwendbar, zumal dabei oft Begriffe verwendet werden, die in anderen Zusammenhängen anders ausfallen würden.

Anwender: Ein Mensch, der eine Software zum Erreichen eines bestimmten Nutzziels verwendet. Im Unterschied zu einem Spieler ist das Nutzziel des Anwenders nicht das reine Erlebnis, sondern ein auch außerhalb der Anwendung verwertbares Ergebnis, z.B. eine erledigte Aufgabe, die von anderen Menschen, z.B. durch Zahlung eines Entgelts oder durch das Einräumen von gesellschaftlichen Privilegien anerkannt wird.

Anwender

Anwendung: Ein Computerprogramm, das als Werkzeug zum Erreichen eines bestimmten Anwendungsziels verwendet werden kann. Im Unterschied zu einem Spiel ist der Nutzwert einer Anwendung an die Verwertbarkeit des Ergebnisses in der wirtschaftlichen Existenz des Anwenders geknüpft.

Anwendung

Anzeige- und Bedienkonzept (ABK): Art und Weise, in der eine Anwendung gesteuert wird, und wie sie ihre Informationen, Steuerungsmöglichkeiten sowie Ergebnisse gegenüber dem Anwender präsentiert. Ein Regelwerk, wie das User Interface die Informationen und Funktionen der Anwendung für den Anwender darstellt und wie diese Funktionen per User Interface gesteuert werden. Messkriterium für die Güte eines ABKs: Verhältnis zwischen externen und internen Aufgaben. Anzahl externer Aufgaben geteilt durch Anzahl interner Arbeitsschritte: Je kleiner dieser Quotient (kleiner als 1), desto unnützer das User Interface.

Anzeige- und Bedienkonzept

Bedienungselement:: Ein Stück Benutzeroberfläche, mit dem man z.B. eine Aktion auslösen, oder eine Information wahrnehmen kann.

Bedienungselement

Bedienungssystematik: Die Regeln, nach denen das Gerät bedient wird (oder werden soll). Siehe auch Anzeige- und Bedienkonzept.

Bedienungssystematik

Datenmodell	**Datenmodell**: Üblicherweise Aufbau der Entitäten und die Beziehungen (Relationen) zwischen ihnen.
Dialog	**Dialog**: Ein wechselseitiger Austausch von Informationen und/oder Kommandos. In Bezug auf die Bedienung von Software durch Menschen handelt es sich um die Ausgaben der Software an den Anwender einerseits und um die Eingaben des Menschen an die Maschine andererseits.
Dialogmodalität	**Dialogmodalität** bezeichnet die Mittel, die die Oberfläche (überwiegend) dem Anwender zur Dialogführung bereitstellt.. Beispiele: Kommandozeile, Textmasken, grafische Fenster und Kontrollelemente, Sprachsteuerung.
Externe Aufgabe	**Externe Aufgabe**: Eine Aufgabe in der realen Welt (z.B. eine Rechnung begleichen, eine Zugreise buchen, einen Brief schreiben).
Gerät	**Gerät**: Einc andere Bezeichnung für ein Werkzeug. In der Regel werden „etwas komplexere" und spezialisierte Werkzeuge als Geräte bezeichnet. In der Technik gibt es Bestrebungen, das Gerät als ein signalumsetzendes Gebilde zu normen, und im Gegensatz dazu: eine Maschine als energie- oder stoffumsetzendes technisches Gebilde. [WP09ge].
Informationsmodell	**Informationsmodell**: Eine abstrakte Abbildung von Objekten mit ihren Eigenschaften und Beziehungen sowie den Aktionen, die sie ausführen können, und den Operationen, die mit ihnen durchgeführt werden können. Im Sprachgebrauch wird oft keine klare Unterscheidung zwischen Informations- und Datenmodell vorgenommen und die Begriffe synonym verwendet.
Interaktion	**Interaktion**: Aufeinander bezogenes Handeln zweier oder mehrerer Partner.
Interne Aufgabe	**Interne Aufgabe**: Eine Aufgabe innerhalb einer Softwareanwendung, z.B. Art der Zahlungsform auswählen, Kreditkartenprüfziffer eingeben, Suchkriterien für die Zugverbindung eintragen, Formatvorlage erstellen, Seitenlayout ändern, Schriftarten zuweisen).
Intuitive Bedienung	**Intuitive Bedienung**: Das nahe liegende tun und eine Reaktion der Anwendung erleben, welche die Erwartungen erfüllt und gelegentlich übertrifft.
Iteration	Die **Iteration** (v. lat. iterare „wiederholen")
Klassenmodell	**Klassendiagramm / Klassenmodell**: Ein Klassendiagramm ist ein Strukturdiagramm der UML zur grafischen Darstellung (Modellierung) von Klassen, Schnittstellen sowie deren Beziehungen. Eine Klasse ist in der Objektorientierung ein abstrakter Oberbegriff für die Beschreibung der gemeinsamen Struktur und des gemeinsamen Verhaltens von Objekten (Klassifizierung). Sie dient dazu Objekte zu abstrahieren.
Kommunikation	**Kommunikation**: Das Wort „Kommunikation" stammt aus dem Lateinischen „communicare" und bedeutet „teilen, mitteilen, teilnehmen lassen; gemeinsam machen, vereinigen". In dieser ur-

sprünglichen Bedeutung ist eine Sozialhandlung gemeint, in die mehrere Menschen (allgemeiner: Lebewesen) einbezogen sind. Heute wird unter Kommunikation häufig der Austausch oder die Übertragung von Informationen verstanden.

Metapher: Die Metapher ist eine Übertragung der Bedeutung einer Sache auf eine andere, so dass zwischen der wörtlich bezeichneten Sache und der übertragen Gemeinten eine Ähnlichkeit besteht. *Metapher*

Mindmap: (engl. für Gedächtniskarte): Eine Technik, die zur Erschließung und visuellen Darstellung eines Themengebietes, zur Planung oder für Mitschriften genutzt werden kann. Hierbei soll das Prinzip der Assoziation helfen, Gedanken frei zu entfalten und die Fähigkeiten des Gehirns zu nutzen. [WP09mm] *Mind-Map*

Modell: Eine abstrakte Abbildung eines Ausschnittes der wahrgenommenen Welt *Modell*

Nichtlineares System: Nichtlineare Systeme sind Systeme, welche auf Eingangssignale (Systemreize) nicht in jedem Bereich proportional antworten. Unter dynamischen nichtlinearen Systemen versteht man solche, die auch Speicherelemente und damit ein „Gedächtnis" besitzen. Dadurch wird die Systemantwort nicht vom augenblicklichen Wert des Systemreizes allein bestimmt. Sie hängt auch von der Vorgeschichte, also von den vorangehenden Systemreizen ab. *Nichtlineares System*

Objektmodell: ein Modell der statischen Strukturen von Klassen und Objekten sowie deren Verhalten und Relationen

Pragmatik: eine linguistische Disziplin, die sprachliches Handeln und die Verwendung von Sprache erforscht. Sie ist neben der Syntax und der Semantik ein Teilgebiet der Semiotik, die sich mit den Eigenschaften von Sprachsymbolen befasst. Pragmatik beschäftigt sich mit der Interpretation von Zeichen auf der Empfängerseite des Informationsmodells. Dabei ist ein Interpret derjenige, für den das Zeichen eine Bedeutung hat. *Pragmatik*

Service Orientierte Architektur: SOA ist ein Paradigma für die Strukturierung und Nutzung verteilter Funktionalität, die von unterschiedlichen Besitzern verantwortet wird. *Service Orientierte Architektur*

Situation: Der von der Anwendung (per Funktionsaufrufe) erfragbare Kontext (z.B. Ablaufstatus, benutzerspezifische Einstellungen, Datenaktualität, Systemwerte), anhand deren die Anwendung ihr Verhalten gegenüber dem Anwender steuern kann. *Situation*

Systemgrenzen: Übergänge von der Umwelt zur Anwendung und Übergang von der Anwendung zur Umwelt, also die Abgrenzung zwischen Abläufen, Situationen und Inhalten die innerhalb der Anwendung abgebildet werden und denen, die innerhalb der Anwendung nicht berücksichtigt werden. *Systemgrenzen*

User Interface: Eine Vorrichtung, die dem Benutzer das bestimmungsgemäße Verwenden eines Geräts ermöglicht. Bei herkömmlichen Geräten sind das z.B. Knöpfe, Regler und Griffe; bei *User Interface*

Softwareprogrammen sind es deren Nachbildungen auf den Ein- und Ausgabegeräten (Bildschirm, Tastatur, Lautsprecher, Mikrofon) des Computers, auf dem die Software abläuft. Synonyme: Benutzeroberfläche, Benutzerschnittstelle, MMI, MMS, HCI

Verwendbarkeit

Verwendbarkeit: Eignung, Nutzen, Zweckdienlichkeit, Tauglichkeit eines Werkzeugs für dessen Anwendung in einem bestimmten Kontext.

Werkzeug

Werkzeug: Ein Werkzeug ist ein Hilfsmittel, um auf Gegenstände (Werkstücke oder Materialien im weitesten Sinne) einzuwirken, im weiteren Sinne für Hilfsmittel im Allgemeinen.

Musterlösungen der Road Checks

RC01: b), c) und d). Bei d) handelt es sich um die Bedienteile der Ablaufplattform einer Software, nicht der Software selbst. Auch ein Drucker kann (in Bezug auf den Computer) als Bedienteil klassifiziert werden, weil darauf (auf Papier) an den Benutzer gerichtete Ausgaben erfolgen. Ein Kassendrucker druckt z.B. für jeden erfassten Artikel eine Zeile. Bevor Bildschirme erstmals an Computer angeschlossen wurden, fungierten Fernschreiber als Hauptausgabemedium für die an den Anwender gerichteten Informationen. Definitionsgemäß gehören sowohl Steuerelemente als auch die dem Benutzer von einem interaktiven System zur Verfügung gestellten Informationen zum User Interface, somit auch die Druckausgaben. Es ist aus heutiger Sicht allerdings ungewohnt, einen Drucker oder das bedruckte Papier als ein (Ausgabe-) Bedienelement zu sehen, weil beim Drucken Informationen in nur eine Richtung („unidirektionale Kommunikation") transportiert werden. Würde hingegen eine Druckausgabe als PDF ausgegeben und in einem PDF Control auf dem Bildschirm ausgegeben werden, dann würde man das PDF Control ohne weiteres als Bedienteil auffassen, obwohl es nichts anderes tut als der Drucker, lediglich auf einem flexibleren Medium.

RC02: a), c), e) und h). Weder b) noch d) hat etwas mit dem Benutzer zu tun, daher kann es auch kein Bestandteil des User Interface sein. Punkt f) bezeichnet keine Bestandteile von irgendetwas, sondern Vorgänge des Eingabe-Verarbeitung-Ausgabe Prinzips. Punkt g) hat mit dem Benutzer zu tun, bezeichnet aber nicht Bedienteile der Software, sondern der Ablaufplattform. Zur Verdeutlichung: In einer Applikation ist z.B. der grafische Push-Button das Bedienteil, und nicht die Maus, oder die Kurztaste, mit der er ausgelöst wird. Der Mauszeiger (zum Beispiel als Pfeil, Cursor oder Sanduhr) ist wiederum ein Bedienteil der Applikation, weil er dem Anwender Statusinformationen in Bezug auf die Arbeit mit der Applikation liefert.

RC03: Beispiel: Papierschere. Funktionsteile: Scherblätter - schneiden das Papier; Achse - bedingt die kreisförmige Bewegung der Scherblätter aufeinander zu. Bedienteile: Verlängerung der Scher-

 blätter - Substantiell für das Greifen der Schere und für das Öffnen und Schließen der Scherblätter; Fingerringe - (fakultativ) geben den Fingern Halt, so dass man die Schere mit einer Hand öffnen und schließen kann.

RC04: Ein User Interface ist die Summe der Bedienteile, deren Anordnung und Wechselwirkung. Zu den Bedienteilen zählen: Steuerelemente, z.B. Knöpfe, Auswahllisten, Eingabefelder sowie Informationselemente, z.B. Anzeigen, Klangausgaben, Grafiken. Neben der Bedienteilen umfasst ein User Interface: Ablaufstruktur, Ablauflogik, Interaktionslogik, Verhaltensregeln, Varianz, Situationsabhängigkeiten, Layout und Gestaltungselemente.

RC05: Beispiel Outlook :: ärgert: Die Einstellungen sind unübersichtlich und man muß in verschiedenen Registern suchen; funktioniert gut: Sortieren und Ordnen der Mails; ändern: Alle Einstellungen (für die aktuelle Mail, für das Konto, und die übergreifenden) über eine globale Liste oder einen Wizard erreichbar machen. Beispiel Word :: ärgert: Viele Symbolleisten und nicht auf Anhieb klar, was in welcher Symbolleiste zu finden ist; funktioniert gut: Man kann fast jede Funktion in die Symbolleiste einstellen; ändern: Drei Symbolleisten statt vieler unscharf abgegrenzter (Grundfunktionen, Hilfsfunktionen und individuelle Funktionen), jede im Menü erreichbare Funktion sollte per Knopfdruck aus dem gerade verwendeten Kontext in die Symbolleiste „gestellt" werden können (statt des „Anpassen" Dialogs).

RC06: Anmerkung: Eine Usability Bewertung hebt die Eigenschaften hervor, die dem Anwender besonders wichtig sind, ihn besonders beeindrucken oder enttäuschen. Die Gesamtbewertung in Form einer Schulnote macht eine Bewertung griffig und vergleichbar. Beispiel: „Mein MacBook", Erster Eindruck: Eins. Schlicht und präzise verarbeitet. Offensichtlichkeit des Verwendungszwecks: Eins: Unverkennbar ein Notebook fürs Arbeiten. Eindeutigkeit des Verwendungszwecks: Eins. Keine Spielereien und nichts Überflüssiges. Intuitivität des Verwendens: Eins. Funktionstasten erfordern kein Um-die-Ecke denken, sondern funktionieren einfach und sofort, beim Zuklappen standby, beim Aufklappen sofort wieder arbeitsbereit. Klar erkennbare physische/logische Eigenschaften der Bedienelemente: Eins. Alles am richtigen Platz. Leichte Erlernbarkeit: Zwei. Für die gleichzeitige Verwendung von Windows und MacOS muß man lernen, welche Tastenkombinationen die fehlenden Windows-Tasten ersetzen. Langfristige Erlernbarkeit: Zwei. Man muß immer im Hinterkopf behalten, daß man Windows in der virtuellen Maschine fährt. Tempo der Aufgabenerfüllung: Eins. Genauso schnell wie ein Windows-Notebook. Erfüllen der Funktionserwartung: Eins. Zu-

verlässig und robust. Erfüllen der Reaktions- und Konvergenzerwartung: Eins. Problemloses Handling von Geräten, Anschlüssen
und   Netzwerkverbindung.   Subjektive   Benutzerzufriedenheit:
Eins: Funktioniert zuverlässig und macht einfach was es soll.
Fazit: Notendurchschnitt unter 1,5. Kollege hat ein ThinkPad:
kein Schlechtes Gerät, modularer, z.B. kann man die Festplatte
einfach austauschen. Aber der Bildschirm ist nicht so hell und
die Standby Funktion klemmt ohne MacOS manchmal.

RC07: c). Wenn man etwas oft verwendet, kann das ein Indikator
für Usability sein, ist aber keine Meßgröße für die Gebrauchstauglichkeit. Auch komplexe User Interfaces können gut
oder schlecht konstruiert sein. Verfügbarkeit von Funktionen
ermöglicht prinzipiell das Verwenden für einen bestimmten Verwendungszweck, drückt aber nicht aus, ob dies zufriedenstel-
lend, effektiv und effizient verläuft. Die Informationsdichte
drückt aus, wie viele Informationen auf einer bestimmten Fläche
(in einem Dialogschritt) untergebracht sind. Das passende Maß
wirkt sich positiv auf die Usability aus, drückt aber nicht die
Güte eines User Interface aus.

RC08: a), c), d) und e). Ein Benutzerhandbuch hilft, wenn der
Anwender nicht intuitiv mit der Applikation zurecht kommt, ist
also so gesehen ein Auffangnetz bei Bedienungsproblemen, die
unter Umständen auf suboptimale Usability zurückzuführen sind.

RC09: a), b), c), h) und j).

RC10: a) und b)

RC11: b) und c)

RC12: Mindmaps: bei der Initialanalyse des Projektthemas; Überblick über Einsflussfaktoren und Sachgebiete, liefert eine Gedan-
kenlandkarte der Applikation und des Projekts. Systemgrenzendiagramme: begleitend zum Analysieren der Anwendungsfälle
und der Bearbeitungsobjekte; Datenfluss bestimmen, Funktionen
bestimmen, die innerhalb bzw. außerhalb der Applikation liegen,
liefert den grundsätzlichen „Produktionsprozess" (Eingangsgrößen, Aktivitäten, Ergebnisse) der Applikation. Anwenderinter-
views: beim Analysieren der Anforderungen und der Anwenderrollen; Arbeitsweisen und Anforderungen der Anwender bestimmen, liefert Erlebnisstories und Anwenderwünsche in impliziter
Form.

RC13: Ablaufstruktur: vor Entwurf der Dialogseiten; wozu: Sammeln und Ordnen der Ablaufschritte; Ergebnis: Entwurf der Me-
nüstruktur und der Hauptablaufpfade. Screenskizzen: wann: zum
Beliebigen Zeitpunkt; wozu: Anzeige- und Bedienungskonzepte
aufzeigen, Lösungen für Anwendungsfälle aufzeigen; Ergebnis:
Papierprototypen, Layoutgrundlagen. Informationsmodell: wann:
beim Detaillieren der Dialoginhalte; wozu: Zusammenhänge
zwischen den in der Anwendung verwalteten Daten aufzeigen;
Ergebnis: Klassendiagramm, Feldgruppen und Attribute für die
Dialogseiten

RC14: Beispiel: Ablaufstruktur für einen Einkauf in einem Onlineshop

Artikel suchen
  ⮱ Schlüsselworte eingeben
  ⮱ Ergebnisliste ansehen
  ⮱ Suche eingrenzen
Nähere Auswahl
  ⮱ Vergleich von Favoriten
    ⮱ Details zu den Artikeln einsehen
  ⮱ Käuferbewertungen ansehen
  ⮱ Preis vergleichen
Kauf abschließen
  ⮱ In Shopping Cart einstellen
  ⮱ Bestellung überprüfen
    ⮱ AGBs bestätigen
    ⮱ Zahlungsdaten eintragen
    ⮱ Rechnungsadresse überprüfen und ggf. anpassen
    ⮱ Lieferadresse überprüfen und ggf. anpassen
    ⮱ Bestellung bestätigen

RC15: Beim Form Filling werden Eingabefelder, Checkboxen, etc. auf eine vorgegebenen Dialogseite ausgefüllt (zum Beispiel ein Bestellformular in einem Web-Shop). Bei der direkten Objektmanipulation werden grafische Objekte aus Werkzeugleisten oder Menüs hinzugefugt, auf dem Bildschirm bewegt, und mit anderen Objekten verknüpft (zum Beispiel Verzeichnis- und Dateiobjekte im Windows Explorer). Die Detaileigenschaften von direkt manipulierten Objekten werden über Form Filling Dialoge (z.B. Property Windows oder Eigenschaftendialoge) festgelegt.

RC16: c), d) und e)

RC17: Eine Interaktion ist eine Kombination aus Aktion und Reaktion. Interaktionen werden durch Ereignisse ausgelöst. Das Auswerten der Bedingungen, unter denen auf ein Ereignis reagiert wird, gehört ebenfalls zur Interaktion. Interaktionen repräsentieren Verhaltensregeln. Sie verbinden die Handlungen des Anwenders mit den Funktionen der Software und der Präsentation der Funktionsresultate.

RC18: Mechanische Bedienteile: Schalthebel – Umschalten in einen alternativen Betriebsmodus, z.B. Gangschalthebel im Fahrzeug; Drehregler – Verändern einer Regelgröße, z.B. Lautstärke im Radio; Messuhr – Anzeigen einer Messgröße, z.B. Füllstand eines Tanks. Softwarebedienteile: Dropdown Menüleiste – Sortierte Darstellung des Funktionsvorrats und Anstoßen von Funktionen einer Applikation, z.B. „Datei/Öffnen..." liefert einen Dialog, mit dem man eine Datei wählen kann, welche die Applikation öffnen (also deren Inhalte interpretieren und verarbeiten) soll; Popup Menü – Darstellung und Anstoßen von Funktionen, die unmittelbar mit dem ausgewählten Objekt zusammenhängen, z.B. in Outlook eine Mail aus der Liste auswählen, rechte Maustaste klicken und das Nachverfolgungskennzeichen setzen; On-

Hover Hinweis – Anzeigen von Erläuterungen zu einem Objekt, über dem der Mauszeiger „schwebt", z.B. Erläuterung, welche Funktion das unter dem Mauszeiger befindliche Symbolleistenicon hat.

RC19: Abstrakte Bedienteile bezeichnen die Art der Bedienaufgabe, z.B. Auswahl, Querverweis, Texteingabe; konkrete Bedienteile realisieren die Bedienaufgabe durch ein Kontrollelement, dem eine Bedienmetapher zugrunde liegt, z.B. Hebel zur Auswahl eines Modus, Link zum Springen an den mit Querverweis bezeichnete Textstelle, Edit-Feld zur Eingabe einer Zeichenkette.

RC20: Beispiele: Das Betätigen von Kontrollelementen löst Interaktionen aus. Ablaufschritte einer Form Filling Applikation sind mit Dialogseiten verknüpft. Der Funktionsvorrat einer Applikation mit direkter Objektmanipulation ist mit den auf den grafischen Objekten durchführbaren Aktionen (z.B. Größe verändern, verschieben) verknüpft. Das Layout regelt die Anordnung von Dialoginhalten. Die Ablaufstruktur ordnet die Ablaufschritte in Hierarchien, Sequenzen und Dienste.

RC21: a), b), c), und d). Anforderungen und Restriktionen sind keine Steuerungsinformationen, sondern fließen in die Ablauflogik, Dialoginhalte und das Anzeige- und Bedienkonzept der Applikation ein. Algorithmen sind der funktionale Anteil der Applikation, sie steuern nicht direkt das Verhalten der Oberfläche, sondern ihre Ergebnisse bilden den im User Interface auszuwertenden Kontext. Datenstrukturen werden von Algorithmen manipuliert und ausgewertet, das User Interface verwendet nicht direkt die Datenbasis, sondern die Ergebnisse von Zugriffsfunktionen. Testfälle sind keine Informationen, die im User Interface vorliegen oder aus seinem Modell ableitbar sind, sondern sie sind Szenarien, mit denen das Verhalten des UI von außen überprüft wird.

RC22: Anzeige- und Bedienkonzeptsicht: Anforderungen an Layout und Informationsfluss, Möglichkeiten, Restriktionen und Regeln bezüglich der Ablaufumgebung, Gestaltung und Verwendungsweise. Ablaufstruktursicht: Tätigkeiten, Ergebnisse, Abläufe, Ablaufreihenfolge, Sequenzen, Dienste, Dialogübergänge. Dialoginhalte-Sicht: Dialogmedien, Kontrollelemente, Layout der inhaltlichen Zusammenhänge. Kontextsicht: Situationen (User Interface-wirksame Zusammenhänge von Bearbeitungsstand, Mandant, Benutzerrolle, Funktionsergebnissen, Produkt- und Prozessvariante, etc.). Interaktionsperspektive: Ereignisse, Reaktionen, Bedingungen, Kontextbezug.

RC23: Anwendertätigkeiten, Zusammenhänge zwischen Tätigkeiten und Anwenderrollen mit Use Case Diagrammen; Informationsmodell, Zusammenhänge und Multiplizität von Informationsobjekten mit Klassendiagrammen; Abläufe sowie Eingangs- und Ausgangsgrößen der Ablaufschritte mit Aktivitätsdiagrammen.

RC24: Layout von Dialogseiten: Das Anordnen von Dialogelementen wäre indirekt über Attribute von Objekten modellierbar, aber nicht in einem UML Diagramm darstellbar (Das Anordnen von UML Modellelementen hat keine definierte Semantik). Darstellung der Kontrollelemente: Könnte über Profiles klassifiziert werden, man müsste aber für jede Kombination von Darstellungsattributen ein eigenes Profil anlegen, was zu einer unüberschaubaren Menge von Profilen führen würde. Varianz und Situationsabhängigkeit der Interaktionen: Interaktionen könnten generell mit Statecharts modelliert werden, die Abhängigkeiten und Varianzen wären als Constraints an den Übergängen zwischen States annotierbar, aber die Übergangskanten und die daran hängenden Conditions wären wegen ihrer Menge und Komplexität schwer zu überblicken.

RC25: QT (XML-UI), MS Blend (XAML), Protogen (Lucia)

RC26: a), b), c) und d). Eine Widgetbibliothek unterstützt das grafische Design, rückt aber die logische Konstruktion des User Interface in den Hintergrund. State Charts eignen sich zur Modellierung von Übergängen zwischen Zuständen, werden aber mit der Darstellung des Übergangsgeflechts in einem GUI überlastet. Mit einer Skriptsprache können Interaktionen ausprogrammiert werden, dies verschiebt aber den Fokus von der Modellierung auf die Implementierung.

RC27: Eine Spezifikation ist implementierungsreif, wenn die am Projekt beteiligten Entscheidungsträger (z.B. Gremium aus Projektleiter, Spezifikateur, Programmierer, Qualitätsmanager) dies vereinbaren. Eine formal ermittelbare Implementierungsreife (analog einer Baugenehmigung beim Hausbau) gibt es nicht, weil es keine entsprechendes behördliches Genehmigungsverfahren für das Umsetzen von Softwarekonzepten gibt. . Die mit der Entscheidung betrauten Entwicklungsrollen müssen aus jeweiliger Sicht die inhaltliche Vollständigkeit, Änderungsrisiken sowie ihre Auswirkungen abwägen, und eine möglichst objektive Entscheidung treffen.

RC28: Umgangssprachliche User Interface Beschreibung („Fachkonzept", „Funktionale Spezifikation"): formlos, händische Maskenentwürfe, evtl. Listen von Dialogseiten und ihren Kontrollelementen, ggf. strukturierte Beschreibung pro Ablaufschritt und/oder Dialogseite. Formale Modelle: semiformale Sprache (DSL), eindeutige Konstrukte, begrenzte Formulierungsmöglichkeiten, Transformierbarkeit in Steuerungsdaten, in Prototypen und/oder in Zielplattformcode. Programmierte Prototypen: erlebbares Modell, Umsetzung des Anzeige- und Bedienkonzepts, Anforderungen sind nicht explizit formuliert sondern in den Eigenschaften des Prototypen impliziert (Risiken: Übersehen, Missinterpretation).

RC29: Beispiel: Markus ist ein begeisterter Urlaubsfotograf, für seine Freunde stellt er gerne illustrierte Reiseberichte zusammen, die er am liebsten schon im Urlaub schreibt und aus Internetcafes verschickt. Markus fotografiert mit einer kleinen Digitalkamera, die Aufnahmen sind auf der Speicherkarte der Kamera gespeichert. Erst wenn er die Fotos auf dem PC-Bildschirm sieht, wählt er die schönsten aus, schreibt zu jedem ein paar Sätze und stellt daraus ein Fotoalbum zusammen, das er auf seinen Webspace lädt. Seinen Freunden schickt er dann per Mail einen Reisegruß mit einen Web-Link auf das Album. Der Empfänger klickt auf den Link und kann sofort in seinem Browser in dem Fotoalbum blättern (nach eventueller Passworteingabe).

RC30: Beispiele: Uploaden der Fotos in den Webspace; Review und Auswahl der gelungenen Aufnahmen; Sortieren und Filtern der Fotos nach verschiedenen Kriterien; Zusammenstellen und veröffentlichen von kommentierten Fotoalben.

RC31: 1. Urlaubsfotos geschossen 2. Rein ins Internetcafe 3. Upload auf den Webspace (wenn möglich, vorher komprimieren) 4. In die Library eintragen 5. Ins Album kleben und beschriften 6. Album durchschauen und freigeben 7. Die Leute werden per Mail informiert, dass das neue Album da ist 8. Zuhause schaut die Familie an, wo ich heute war und was ich gesehen habe. ☺

RC32: Beispiel: Die Fotos sind in „Alben" organisiert, die man öffnen, darin blättern, Fotos verschieben, drehen und beschriften kann. Zu jedem Album kann man eine Liste von Abonnenten pflegen, welche wie eine Widmung auf der ersten Seite erscheint. Außer den Alben gibt es eine ähnlich wie in iTunes organisierte Foto-Bibliothek, mit der man die Fotos verwalten kann und sehen kann, sie in Alben „kleben" und auch sehen kann, welches Foto in welchen Alben drin ist.

RC33: Formular mit Tags: Wie in iTunes in iPhoto

RC34: Im „Zentralregister der Fotos" kann man Fotos nach verschiedenen Kriterien sortieren und suchen/filtern. Dort kann man ein oder mehrere Foto-Thumbnails selektieren und dann auf Info klicken, um die Verwaltungsinformationen zu sehen und ggf. zu ändern.

RC35: Beispiel: 1. Verwendungszweck, 2. Anwendermodelle, 3. Anzeige- und Bedienkonzept, 4. Story-Boards für zentrale Anwendungsfälle, 5. Ablaufstruktur, 6. Ausgewählte Dialogseiten, 7. Systemgrenzen.

RC36: Zeigen von Bildschirmentwürfen, stellen einer Aufgabe, der Anwender erläutert seine Schritte, der Entwickler spielt das User Interface (sagt dem Anwender die Reaktionen des UI) auf die vom Anwender formulierten Bedienschritte).

RC37: Vorteile: Eindeutige Formulierung, Transformierbarkeit; Nachteile: Formalismus muss erlernt werden, Coaching der Spezifikateure durch erfahrene Modellierungsmethodiker erforderlich, Eingeschränkte Formulierbarkeit von Anzeige- und Bedienaspekten.

RC38: Spezifikations-Dokument, HTML-Prototyp, Zielcode, Steuerungsdaten

RC39: Schachtelungstiefe des Ablaufs – möglicherweise schwer erreichbare Dialoge; Durchschnittliche Anzahl der Elemente pro Dialogseite – möglicherweise schwer lesbare und schwer bedienbare, weil überladene Dialogseiten)

RC40: Stereotypen für typische GUI Bestandteile statt einem allgemeinen Boundary-Objekt

Bildverzeichnis

Bild 1: Maschinen sind unser Ding 1

Bild 2: Software ist ein virtuelles Gerät 2

Bild 3: Gerät ist Gerät, ob aus Software oder aus Hardware 3

Bild 4: Ein Smartphone hat viele virtuelle Bedienteile 4

Bild 5: Funktions- und Bedienteile eines einfachen Werkzeugs ... 5

Bild 6: Ein Überweisungs- Druckprogramm 6

Bild 7: Eine frühe Schreibmaschine 8

Bild 8: Eine Textverarbeitungs- software 9

Bild 9: Cockpit eines Düsenjets 9

Bild 10: Viele Funktionen führen tendentiell zu vielen Bedienschritten 10

Bild 11: Schachspielen im Textmodus (telnet) 11

Bild 12: Schachspielen auf einem 3D-Brett (gnome) 11

Bild 13: Virtuelle Nachbildungen realer Dinge (x-windows) 12

Bild 14: Map24 13

Bild 15: Xing Business Contacts Manager 13

Bild 16: Leitseite eines Shopping Portals 14

Bild 17: Umfang eines User Interface 15

Bild 18: Faktoren der Usability 17

Bild 19: Essbesteck ohne Griffe 18

Bild 20: Verwendungszweck vs. Benutzbarkeit 20

Bild 21: Zwei verunsichernde Programmmeldungen 21

Bild 22: Die Sterntagebücher sind vergriffen, aber gebraucht zu bekommen 23

Bild 23: Ja, ich möchte vorbestellen 23

Bild 24: und täglich grüßen die Sterntagebücher 23

Bild 25: Ein Dosenöffner 26

Bild 26: Typisches Usability Labor Szenario 27

Bild 27: Mapping zwischen Anwender und User Interface 29

Bild 28: Wahrnehmungs- und Aktivitätsspektrum 30

Bild 29: Strukturieren und Anordnen 32

Bild 30: Mensch verwendet Maschine 33

Bild 31: Mensch baut User Interface 33

Bild 32: Nutzfälle und Nutzer dieses Buchs 37

Bild 33: Methoden ermöglichen handwerklich saubere Arbeit ... 41

Bild 34: Eine Mindmap 46

Bild 35: Erste Mindmap der Kundenverwaltung 47

Bild 36: Zweite Mindmap der Kundenverwaltung 47

Bild 37: Screenskizze zur Kundenverwaltung 48

Bild 38: Screenskizze einer Konfigurationsliste 49

Bild 39: Storyboard der Kundenverwaltung 50

Bild 40: Use Cases der Kundenverwaltung 1 57

Bild 41: Use Cases der Kundenverwaltung 2 58

Bild 42: Systemgrenzen der Kundenverwaltung 1 59

Bild 43: Systemgrenzen der Kundenverwaltung 2 59

Bild 44: Kernentitäten der Kundenverwaltung 61

Bild 45: Spezifizieren einer Ablaufstruktur in Doors 64

Bild 46: Workflowdiagramm der Kundenkartei 65

Bild 47: Workflow-Steps und Services 65

Bild 48: Screendiagramm 66

Bild 49: Boundary-, Control- und Entity-Objekten arbeiten im
Use Case zusammen 68

Bild 50: Bedeutung von Boundary, Control und Entity 68

Bild 51: Robustheitsdiagramm: Login in den Issue-Tracker 69

Bild 52: Assoziationen 69

Bild 53: Messages 69

Bild 54: Abhängigkeiten 70

Bild 55: Gruppieren von Boundary-Symbolen 70

Bild 56: Robustness-Diagramm: Arbeiten mit dem Issue-Tracker
.... 71

Bild 57: Screendesign für Issue-Details (Ausschnitt) 72

Bild 58: NA-Diagramm: Login in den Issue-Tracker 73

Bild 59: NA-Diagramm: MVC-Kollaboration eines Issue Trackers
.... 74

Bild 60: ✗ Das NA-Diagramm ist zu nah am UI-Design 77

Bild 61: ✗ Weiteres NA-Diagramm zu nah am UI-Design 77

Bild 62: NA-Diagramm ohne Vorgriffe auf das UI-Design 78

Bild 63: Zusammenhang der UML-Modellaspekte in der funktionalen Spezifikation..80

Bild 64: Zusammenhang UI-Modelle und Fachklassenmodell....82

Bild 65: Tracing und Refining im UML Modell...........................83

Bild 66: Einteilung der Projektaufzeich-nungen.......................85

Bild 67: Formen der Featureplanung.......................................86

Bild 68: Einordnen des Begriffs der funktionalen Spezifikation.88

Bild 69: Leitseite...93

Bild 70: Nutzfall, Anforderungen, Richtlinien...........................94

Bild 71: Übersichtsdiagramme...94

Bild 72: Dialog- und Ablaufentwürfe.......................................95

Bild 73: Abschluss der funktionalen Spezifikation.....................96

Bild 74: Life Cycle einer funktionalen Spezifikation...................97

Bild 75: Kollaboration der Rollen im Lifecycle einer funktionalen Spezifikation...97

Bild 76: Typische Bestandteile eines UML Diagramms..............98

Bild 77: UML in der funktionalen Spezifikation.........................99

Bild 78: Anforderungen an das Einsctzen von UML in funktionalen Spezifikationen..101

Bild 79: Deklaration der UML als UML-Diagramm...................102

Bild 80: Aktivität mit Informationsfluss und Steuergrößen........105

Bild 81: Verwendung von Abstraktions-ebenen in UML............106

Bild 82: CRs sind anfangs Issues, später Spezifikationen.........108

Bild 83: Life Cycle einer Änderungs-anforderung....................109

Bild 84: Ein Issue-Tracker...110

Bild 85: Styleguide Anwendungsrahmen................................113

Bild 86: Anwendungsrahmen mit Inhalten..............................114

Bild 87: Führungstexte und Felder..115

Bild 88: Grauer Dialoghintergrund..115

Bild 89: Weißer Dialoghintergrund..116

Bild 90: Weißer Hintergrund, grauer Rahmen.........................116

Bild 91: Am Inhalttyp orientierte Feldbreiten...........................116

Bild 92: Rechtsbündige Führungstexte...................................117

Bild 93: Felder mit runden Ecken..117

Bild 94: Verkleinerte Führungstexte.......................................117

Bild 95: Kennzeichnen von Pflichtfeldern................................118

Bild 96: Verschiedene Label-Positionen..................................118

Bild 97: Führungstexte über Feldern......................................119

Bild 98: Einzeilige Textfelder 119

Bild 99: Mehrzeilige Textfelder 119

Bild 100: Felder für Spezialformate 120

Bild 101: Checkboxen und Radiobuttons 120

Bild 102: Auswahlfelder 120

Bild 103: Listen bzw. Tabellen-Widgets 121

Bild 104: Hilfeseite zum Funktionsumfang 127

Bild 105: Hilfeseite zur einzelnen Dialogseite 127

Bild 106: Prototyp aus Lucia Spezifikation 1 133

Bild 107: Prototyp aus Lucia Spezifikation 2 134

Bild 108: Konkrete und abstrakte Bedienteile 143

Bild 109: Von Metapher zum Abbild 144

Bild 110: Dokument-Eigenschaften in Word 147

Bild 111: Drucken in in einer Textverarbeitung 147

Bild 112: Nachrichten-Optionen im eMail Client 148

Bild 113: Command-Keys Binding in Eclipse 148

Bild 114: Bestens bekannt: Steuerformular 149

Bild 115: Ribbons 150

Bild 116: Modulauswahl für Transformationen 151

Bild 117: Liste mit Funktionsleiste für den ausgewählten Eintrag
.... 151

Bild 118: Zusammenstellen einer Key-Value Liste 152

Bild 119: Dateiauswahl-Dialog in Windows 152

Bild 120: Grafische Auswahl einer Diagrammart 153

Bild 121: Optionen für die Änderungsverfolgung 153

Bild 122: Java-Syntax-Coloring Einstellungen 154

Bild 123: Spotlight Funktion in MacOS 154

Bild 124: ECU Test von TraceTronic 155

Bild 125: Content Filter 157

Bild 126: Junk-eMail-Optionen 157

Bild 127: Kommunikation anpassen 1 158

Bild 128: Text UI auf einem 3270 Terminal 159

Bild 129: Oje, eine Metapher: „Schützen-Dienen-Helfen" 161

Bild 130: Das Schaukelgleichnis 162

Bild 131: Modelle überbrücken mentale Inseln 163

Bild 132: Grafische Workflowübersicht 164

Bild 133: Änderungsanforderungen treiben die UI Entwicklung
.... 167

Bild 134: Aspekte der Änderungsrobustheit 168

Bild 135: Informationsfluss und Infoobjekte............................. 169

Bild 136: Infoobjekte mit User-Aktionen 169

Bild 137: User Interface Bau in Phasen und Artefakten............ 172

Bild 138: CMMI Prozessgebiete für Softwareentwicklung........ 175

Bild 139: Scrum Aktivitäten, Artefakte, Rollen.......................... 179

Bild 140: Read Do's and Don'ts.. 184

Bild 141: Ganz viele Einstellungen 185

Bild 142: Nutzlose Einstellungen.. 186

Bild 143: Sicher ist sicher.. 186

Bild 144: HTTP Meldung 405 187

Bild 145: Softwaremechanik ist intuitiv.................................... 188

Literaturverzeichnis

[Back09] Daniel Backhausen: **Technologien zur Realisierung von Benutzeroberflächen**, VDM Verlag Dr. Müller, Saarbrücken 2009

[Bense49] Max Bense: **Technische Existenz. Essays**, Deutsche Verlags-Anstalt, Stuttgart 1949

[Bian09] Federico Biancuzzi, Shane Werden: **Visionäre der Programmierung**, O'Reilly Verlag, Köln 2009

[Buza99] Tony Buzan, Barry Buzan: **Das Mind-Map Buch**, mvg-Verlage, Landsberg a.L. 1999

[Chle06] Paul Chlebek: **User Interface-orientierte Softwarearchitektur**, Vieweg Verlag, Wiesbaden 2006, ISBN 978-3-8348-0162-3

[Flan10]   Vincent   Flanders: **Web   pages   That   Suck**, http://www.webpagesthatsuck.com/, am 02.02.2010

[Henn05] Rolf Hennicker, Nora Koch. **Modeling the User Interface of Web Applications with UML** http://www.pst.informatik. uni-muenchen.de/personen/kochn/pUML2001-Hen-Koch.pdf, am 13.11.2005

[Holz05] Andreas Holzinger: **Usability Engineering Methods** for Software   Developers,   http: //user.meduni-graz.at/andreas.hol zinger/holzinger/usability.html, am 22.01.2010

[Isys2000] Isys Information Architects: **Interface Hall of Shame**, http://homepage.mac.com/   bradster/iarchitect/shame.htm,   am 02.02.2010

[Jac92] Ivar Jacobson et al: Object Oriented Software Engineering: A Use Case Driven Approach, Addison-Wesley Professional; Revised edition (July 10, 1992), ISBN-13: 978-0201544350

[Kirs10]   Marc-Oliver   Kirsammer: **Usability   Glossar**,   http://
www.causause.de/wissen/usability-glossar.html, Reutlingen 2009,
Online Stand am 22.01.2010

[Land05] James A. Landay, Brad A. Myers. Sketching **Storyboards**
to Illustrate Interface Behaviors http://washington.academia.edu/
JamesALanday/Papers/41072/   Sketching_Storyboards_to_   Illus-
trate_Interface_Behaviors am 13.11.2005

[Linu06] **Aktivitätsorientiertes Planen**, http://www.linux-magazin
.de/Heft-Abo/Ausgaben/2006/04/Klartext

[Mobi0410] Ute Kehse: **Roboter - Stets zu Diensten**, Bahnmagazin
mobil 04/10, Seite 70ff

[Rötz06] Florian Rötzer: **Der erste Eindruck zählt**, http://www.
heise.de/tp/r4/artikel/21/21791/1.html, Heise Online 15.01.2006,
Online Stand am 02.02.2010

[SAP01] Interaction Design: http://www.sapdesignguild.org/ edi-
tions/edition3/interact_design.asp, am 13.11.2005

 [Seli99] Martin E.P. Seligman: **Erlernte Hilflosigkeit**, Urban &
Schwarzenberg, Beltz Verlag, Weinheim und Basel 1999, ISBN
3407 22016 2

[Spol01] Joel Spolsky: **User Interface Design for Programmers**,
Apress, Berkeley CA 2001, ISBN 1-893115-94-1, vergleiche auch
http://www.joelonsoftware.com/uibook/fog0000000249.html

[Spol04] Joel Spolsky: **Joel on Software** and on Diverse and Oc-
casionally Related Matters That Will Prove of Interest to Software
Developers, Designers, and Managers, and Those Who, Whether
by Good Fortune or Ill Luck, Work with Them in Some Capacity,
Apress, Berkeley CA 2004

[TF06] Ted Felix: Book Review of "Object Oriented Software
Engineering: **A Use Case Driven Approach**, Ivar Jacobson et al.
(1992)" http://www.tedfelix.com/software/jacobson1992.html

[Tidw06] Jenifer Tidwelll: **Designing Interfaces**, O'Reilly Media,
Sebastopol CA 2006

[WP05ui] Wikipedia: **User Interface**; http://en.wikipedia.org/
wiki/User_interface am 13.11.2005

[WP09bf] Wikipedia: **Benutzerfreundlichkeit**, http://de. wikipe-
dia.org/wiki/Benutzerfreundlichkeit, am 22.01.2010

[WP09bo] Wikipedia: **Benutzeroberfläche**, http://de. wikipe-
dia.org/wiki/Benutzeroberfläche, am 22.01.2010

[WP09bp] Wikipedia: **Best Practice**, http://de.wikipedia.org/
wiki/Best_Practice, am 22.01.2010

[WP11cf] Wikipedia: **Cristal Family**, http://de.wikipedia.org/wiki/
Crystal_Family, am 23.01.2011

[WP09dp] Wikipedia: **Design Pattern**, http://de.wikipedia.org/
wiki/Entwurfsmuster, am 22.01.2010

[WP09ep] Wikipedia: **Extreme Programming**, http://de. wikipedia.org/wiki/Extreme_Programming, am 23.01.2010

[WP09ge] Wikipedia: **Gerät**, http://de.wikipedia.org/wiki/Gerät, am 22.01.2010

[WP09id] Wikipedia: **Interface Design**, http://de.wikipedia.org/wiki/Interfacedesign am 23.01.2010

[WP09mm] Wikipedia: **Mind Map**, http://de.wikipedia.org/wiki/Mind-Map, am 22.01.2010

[WP10sb] Wikipedia: **Storyboard** http://de.wikipedia.org/wiki/Storyboard; http://www.medien.ifi.lmu.de/fileadmin/mimuc/mmi_ws0506/essays/uebung2-grueber.html, am 30.01.2010

[WP11sc] Wikipedia: **Scrum**, http://de.wikipedia.org/ wiki/Scrum#Zyklusmodell, am 22.05.2011

Grundlagen verstehen und umsetzen

Helmut Jarosch

Grundkurs Datenbankentwurf

Eine beispielorientierte Einführung für Studenten und Praktiker
3., überarb. und erw. Aufl. 2010. XVI, 411 S. mit 211 Abb. und 14 Tab. und
Online-Service. Br. EUR 39,90 ISBN 978-3-8348-0955-1

Stephan Kleuker

Grundkurs Datenbankentwicklung

Von der Anforderungsanalyse zur komplexen Datenbankanfrage
2., erw. Aufl. 2011. XII, 312 S. mit 100 Abb. und und Online-Service.
Br. EUR 34,95 ISBN 978-3-8348-1481-4

Stephan Kleuker

Grundkurs Software-Engineering mit UML

Der pragmatische Weg zu erfolgreichen Softwareprojekten
2., korr. und erw. Aufl. 2011. XII, 371 S. mit 184 Abb. und und Online-Service.
Br. EUR 29,95 ISBN 978-3-8348-1417-3

René Steiner

Grundkurs Relationale Datenbanken

Einführung in die Praxis der Datenbankentwicklung für Ausbildung, Studium
und IT-Beruf
7., überarb. u. akt. Aufl. 2009. XI, 235 S. mit 160 Abb. und Online-Service Br.
EUR 24,90 ISBN 978-3-8348-0710-6

**VIEWEG+
TEUBNER**

Abraham-Lincoln-Straße 46
65189 Wiesbaden
Fax 0611.7878-400
www.viewegteubner.de

Stand Juli 2011.
Änderungen vorbehalten.
Erhältlich im Buchhandel oder im Verlag.

Printed in the United States
By Bookmasters